Wilhelm Haller

Ohne Macht und Mandat

WILHELM HALLER

OHNE MACHT UND MANDAT

Der messianische Weg in Wirtschaft und Sozialem

Texianer Verlag

© Haller, Wilhelm, 1992

Ohne Macht und Mandat: Der messianische Weg in Wirtschaft und Sozialem / Wilhelm Haller. -

Tuningen: Texianer Verlag, 2020

Johannesstrasse 12, D-78609 Tuningen, Deutschland
www.texianer.com

ISBN: 978-3-949197-38-3

Überarbeitet von Stephen A. Engelking

Erstausgabe: Wuppertal: Peter Hammer Verlag 1992

Umschlagbild basiert auf: Virgil Solis and monogramist HWG: Allegorie der Gerechtigkeit; c. 1540/45. (This work is in the public domain in the United States, and those countries with a copyright term of life of the author plus 100 years or less.)

Inhaltsverzeichnis

Vorwort 7
Rahel weint 13
Der unbekannte Messias 23
Das Gottesvolk als messianische Alternative 45
Verantwortlich leben und handeln 75
Freiheit und Geborgenheit 89
Die Herausforderung der Weltschuldenkrise 115
Arbeit und Einkommen 129
Weisungsrecht und Selbstbestimmung 145
Zur Blindheit der EKD in ihrer Denkschrift 163
Kapital, Konkurrenz und Kooperation 177
Immobilienbesitz und Wohnrecht 203
Gesetz und Freiheit 211
Die werdende Gottheit 223

Vorwort

Anfang der achtziger Jahre hatten sich einige Freunde in der Region Schwarzwald-Baar zusammengesetzt und beschlossen sich regelmäßig zu treffen. Sie waren alle aktiv in der christlichen Friedensbewegung. Ihr gemeinsamer Nenner war die Mitgliedschaft beim Deutschen Zweig des Internationalen Versöhnungsbundes. Bei ihren Begegnungen ging es von Anfang an sowohl um Gemeinschaftsbildung durch Gespräch und gemeinsame Abendmahlzeit als auch um die thematische Arbeit, die sich im wesentlichen mit Fragen der Gewaltfreiheit, des Machtverzichts und mit den Themen des konziliaren Prozesses beschäftigte. Irgendwann war der Punkt erreicht, an dem der Schritt vom Reden zum verantwortlichen Handeln über die verschiedenen politischen Aktionen und Aktivitäten hinaus fällig wurde. Und so entstand die »oekumenische Gemeinschaft für soziale Integration LEBENSHAUS e.V.«, die es sich zum Ziel setzte, »den Gemeinschaftsgedanken zu fördern und Häuser zu schaffen, in denen Familien Menschen aufnehmen, die auf irgendeine Weise Hilfe brauchen«, wie es in einem Faltblatt des LEBENSHAUSes heißt.

In der Zwischenzeit hat die Gemeinschaft diese Arbeit längst aufgenommen, eine Arbeit, die sowohl nach innen, also die Gemeinschaft betreffend, als auch nach außen, Hilfebedürftige der Gesellschaft betreffend, zu wirken versucht.

Es ist hier nicht der Ort, über die Geschichte und die Wirkungsweise des LEBENSHAUSes zu berichten. Das muss an anderer Stelle geschehen. Es geht mir vielmehr darum, Bericht zu leisten über die Tatsache, wie in dieser Gemeinschaft – für mich auf einzigartige Weise – die theoretische Diskussion, der Versuch der praktischen Umsetzung, die Rückkopplung der dabei gemachten erfreulichen und weniger erfreulichen Erfahrungen, die daraus neu entstehende theoretische Diskussion mit dem sich daran anschließenden Versuch, die Schlussfolgerungen praktisch umzusetzen, zu einer unerhört fruchtbaren Beschäftigung mit der gesellschaftlichen Wirklichkeit und ihren Problemen geführt hat und unablässig führt. Hier wird also nicht in großer Entfernung und Abgrenzung zwischen forschender Wissenschaft, Richtlinien setzender Politik und umsetzender Allgemeinheit gelebt und gearbeitet, sondern alles ist sehr eng miteinander verbunden, und jeder vermag so zu einem Stückchen Forschung, Legislative und Exekutive zu werden, zu Täter und Opfer der eigenen Wünsche und gemeinsamen Beschlüsse, zum Laboranten und zum Versuchsobjekt zugleich.

Dieser Prozess der Auseinandersetzung mit Problemen unserer Zeit fand aber nicht nur im Kreis des LEBENSHAUSes statt. Fast parallel zu diesen Anfängen entstand, teilweise mit denselben Menschen als den Trägern, eine Initiative für Arbeitsumverteilung, die später,

Vorwort

als das Interesse der Öffentlichkeit für die Arbeitslosigkeit und die Möglichkeiten ihrer Überwindung immer mehr nachließ, und die aktiven Mitglieder darauf drängten, den tieferen Ursachen für die wirtschaftlichen Probleme unserer Gesellschaft nachzugehen, in eine Initiative für humane Arbeitszeitgestaltung und solidarische Wirtschaftsordnung umbenannt wurde. Der Lernprozess im LEBENSHAUS wurde - jedenfalls für mich und wohl auch für andere - ergänzt durch die Gespräche in dieser Initiative, vor allem soweit er Probleme der Wirtschaft betraf und betrifft. Über die Arbeit in diesen beiden Gruppierungen hinaus war es für mich vor allem meine intensive Seminar- und Vortragsarbeit, deren Gespräche meine Einsichten erweitert haben.

Dieses Buch stellt einen Versuch dar, die Ernte, die aus diesem Prozess gewonnen wurde, zu Papier zu bringen und zur Diskussion zu stellen. Er ist verbunden mit der Einladung, Gleiches oder Ähnliches zu versuchen. Wie an den einzelnen Kapiteln unschwer zu erkennen ist, sind sie fast alle so etwas wie Protokolle von theoretischen und praktischen Auseinandersetzungen mit bestimmten Herausforderungen. Sie sind zumeist entstanden in der Berichterstattung für bestimmte Leser oder Zuhörer. Ich habe sie erst im Nachhinein geordnet und aneinandergereiht, dadurch aber ihre Eigenständigkeit nicht aufgehoben. Das Buch ist deshalb weniger ein homogenes Ganzes als eine lose Reihe von Aufsätzen. Konsequenterweise können die einzelnen Kapitel auch für sich und unabhängig von der Reihenfolge gelesen werden. So ähnelt das Buch einer Halskette mit aneinandergereihten Steinen. Der rote Faden, der sie zusammenhält, ist das messianische Anliegen, das meinem/unserem Verständnis entspricht - der Dienst um Rahel, die Nachfolge Jesu.

Ich habe lange gezögert, das letzte Kapitel dem Manuskript hinzuzufügen, da es doch sehr stark einen theologischspekulativen Charakter hat. Mir ist aber aufgegangen, dass alle Fragen um die Aufgabe und die Bestimmung des Menschen und die Schlüsse, die daraus für unsere Verhaltensweise und unsere Ordnungssysteme zu ziehen sind, sehr stark von unserer Gottesvorstellung und von unserem Menschenbild abhängig sind. Es scheint mir deshalb unverzichtbar, auch die Frage nach unserem Gottesbild aufzuwerfen und meine eigenen Gedanken dazu zur Diskussion zu stellen. Das mag zwar einige abschrecken, weshalb es aus taktischen Gründen vielleicht besser gewesen wäre, das Kapitel wegzulassen, aber um der Wahrheit willen darf dies wohl nicht sein.

Die mit diesem Buch verbundene und dokumentierte Arbeit wurde wesentlich erleichtert durch die Tatsache, dass aus den beiden beschriebenen Kreisen heraus zu Beginn des Jahres 1991 ein Solidarfonds gebildet wurde, der meine Arbeit finanziell unterstützt und mir Freiräume schafft, mich aus der Organisationsberatung als meiner wesentlichen Erwerbsarbeit soweit zurückzuziehen, dass auch finanziell weniger einträgliche Arbeit geleistet werden kann. Insofern ist das vorliegende Buch eine Frucht dieser Unterstützung.

Vorwort

Es ist wenigen Menschen vergönnt, sich den Aufgaben zu widmen, die ihnen Sinn und Erfüllung bringen und ihrer Bestimmung zu entsprechen scheinen. Ich gehöre zu diesen wenigen Glücklichen, und ohne die finanzielle Unterstützung durch meine Freunde wäre das nicht möglich. Dafür bin ich dankbar.

Bei der Abfassung dieses Berichts hat es mich belastet, dass es mir nur selten gelungen ist, auf Begriffe zu verzichten, die sich in erster Linie auf Männer beziehen und deshalb auch die von ihnen geprägte Sprache ist. Ich muss gestehen, dass ich die bislang gefundenen Wege, diesen Notstand zu überwinden, sprachlich für unbefriedigend halte. Deshalb muss ich mich damit begnügen, an dieser Stelle zu vermerken, dass selbstverständlich alle auf den Menschen bezogenen Begriffe, auch wenn diese männlich sind, beide Geschlechter meinen. Ich bezweifle nicht, dass die Gleichberechtigung der Frau und des Weiblichen für wirkliche Gerechtigkeit und für unseren geistigen Fortschritt unverzichtbar sind.

Wilhelm Haller

Rahel weint

Die beiden Frauengestalten Lea und Rahel, Ehefrauen des Jakob und wie dieser von archetypischer, also grundsätzlicher und vielfach gültiger Bedeutung, waren und sind auch für mich so wichtig, dass ich mich immer wieder mit ihnen beschäftige.

Die Geschichte selbst ist schnell erzählt.

Jakob, nachdem er, von seiner Mutter angestiftet, seinen Bruder Esau übertölpelt hatte, bekam es mit der Angst zu tun und machte sich aus dem Staub mit dem Ziel, bei Laban, dem Bruder seiner Mutter, Sicherheit und eine Frau zu finden. Er verliebte sich noch vor der Begegnung mit Laban in Rahel, dessen jüngere Tochter, und verpflichtete sich im Gespräch mit seinem künftigen Schwiegervater sieben Jahre für sie zu arbeiten. Bei der Hochzeit wurde ihm aber Lea, die Ältere, untergeschoben mit der Begründung, es sei nicht Sitte, die Jüngere vor der Älteren wegzugeben. Notgedrungen ließ sich Jakob darauf ein. Weil er aber Rahel nicht vergessen konnte, verpflichtete er sich für weitere sieben Jahre, um Rahel ebenfalls als Frau zu gewinnen. Und so wurde schließlich neben der ungeliebten Lea auch die geliebte Rahel Jakobs Frau.

Für das archetypische Bild von den beiden Frauen sind über diese Geschichte hinaus vor allem zwei Dinge wichtig.

Zum einen blieb Rahel lange Zeit ohne eigenes Kind, bis sie schließlich doch noch Josef, den Träumer, (wir erinnern uns an seine Geschichte in Ägypten) zur Welt brachte. Die Geburt Benjamins, ihres zweiten Kindes, kostete sie das Leben. Lea dagegen war eine fruchtbare Mutter mit mehreren eigenen Kindern.

Das zweite, symbolisch von großer Bedeutung, ist die Tatsache, dass Rahel bei dem fluchtartigen Auszug der Familie die Hausgötzen ihres Vaters mitlaufen ließ. Ihr Vertrauen auf den unsichtbaren, so wenig konkreten Gott ihres Mannes scheint nicht so groß gewesen zu sein, dass sie auf diese handfeste und greifbare Rückversicherung hätte verzichten können. Diese Tendenz zur Rückversicherung scheint geradezu symptomatisch zu sein für den Rahel-Typ, den empfindsamen, weitsichtigen Menschen, der auf der Suche nach Gott und der gottgewollten Menschengemeinschaft ist und dabei immer wieder der Versuchung vordergründiger Sicherheiten verfällt.

Dagegen stellt das Bild von Lea das pragmatisch, realistisch denkende und handelnde Weltkind dar, dem hochfliegende und weitreichende Pläne und Visionen fremd sind, und das von keiner inneren Verunsicherung gequält wird. Lea hat viele Nachkommen, weil die Mehrheit so fühlt, denkt und handelt. Rahel dagegen wird zur einsamen Stammmutter aller messianischen Träume und idealistischen Visionen von einer besseren Zukunft der Menschheit und den damit verbundenen Aufgaben und Verirrungen. Sie bleibt deshalb lange Zeit kinderlos. Wer will sich schon auf solche Illusionen und Gefahren konkret einlassen, wenn er es vermeiden kann?

Die Geschichte zeichnet also zwei große Spannungsbögen. Der eine stellt die Beziehung Rahels zum unsichtbaren Gott ihres Mannes einerseits und zu den greifbaren Götzen ihres Vaters andererseits dar und der andere die Beziehung Jakobs zu Lea einerseits und zu Rahel andererseits. Beide Bögen liefern genügend Spannung, um das Leben derer, die sich in ihnen wiederfinden, nicht nur qualvoll sondern auch fruchtbar zu machen, sofern sie sich dieser Situation bewusst werden und sich mit ihr auseinandersetzen. Dies meint Friedrich Heer,[1] wenn er vom schöpferischen Spannungsmenschen spricht.

Das Rahel-Syndrom ist ebenso weit verbreitet wie das Jakob-Syndrom. Fast jedermann wird in seinem eigenen Leben und bei anderen schmerzliche Beispiele für das eine oder das andere oder gar für beides finden. Das Rahel-Syndrom betreffend, mag das folgende, besonders bildhafte Beispiel für viele andere stehen:

Wer mit der Geschichte des 20. Juli 1944 vertraut ist, wird sich vielleicht erinnern, dass Eugen Gerstenmaier[2] bei seiner Verhaftung in der einen Jackentasche ein

---

[1] österreichischer Geschichtsphilosoph (eines seiner wichtigsten Bücher war »Gottes erste Liebe«)

Neues Testament trug (symbolisch für den Gott Jakobs) in der anderen eine Pistole (symbolisch für die Hausgötzens Labans). Heutzutage manifestiert sich das Bild vom Neuen Testament, richtiger gesagt: der griechischen Bibel, und der Pistole als Rahel-Syndrom in der Gesamtgesellschaft vor allem im Militärischen, nämlich in der Bundeswehr, soweit sich die Menschen darin als Christen fühlen. Für die einzelne Person sind Versicherungen und Geldvermögen in den meisten Fällen an die Stelle der Gerstenmaier-Pistole getreten. Nach dem Bild der Rahel zu schließen, hat Gott Mammon einen Ehrenplatz bei uns gefunden.

So wird das Rahel-Syndrom nicht nur zur Gefahr, sondern zum Symptom im Sinne des von C. G. Jung beschriebenen Schattens. Die zumeist als unzureichend empfundene Gotteserfahrung führt in ihrem Konflikt mit dem individuellen Bewusstseinsstand, der vor allem durch den Zeitgeist geprägt ist, fast zwangsläufig zur Suche nach anderen, greifbaren Sicherheiten und zu schlechten Kompromissen. Der Gegensatz zwischen Gott und Mammon, von dem Jesus spricht, droht bei diesen Menschen zu einem fest verwurzelten »sowohl als auch« zu werden. Kein Wunder also, wenn die Kirchen ebenso wie die Kirchenmänner nicht nur ungeheure Rücklagen bilden sondern auch die größte nur denkbare finanzielle Absicherung anstreben[3]. Entscheidend dabei ist nicht die Zwiespältigkeit an sich, sie ist und bleibt wesentliches Bestandteil; entscheidend ist die Frage, wie wir damit

---

2 in der frühen Nachkriegszeit einer der wichtigsten Köpfe der evangelischen Landeskirche in Württemberg und der CDU (langjähriger Bundestagspräsident)

umgehen: Ungerührt und selbstgerecht und damit unfruchtbar bleibend oder in schmerzlicher und fruchtbarer Auseinandersetzung damit, die uns weiter führt.

Diese Probleme bezeugen die unerfüllten Träume und die unstillbare Sehnsucht solcher Menschen. Sie gehen zumeist einher mit der Suche nach gesellschaftlichen Idealen. Es scheint, als seien diese Menschen mit ihrem Wunsch nach Sicherheit und Geborgenheit besonders anfällig für die Versuchungen Mammons, so dass aus Gottsuchern leicht Goldsucher, Goldsammler und Goldhorter werden. Sie sind also nicht nur die Auslöser und Träger der gesellschaftlichen Weiterentwicklung sondern leben auch in der Gefahr, verschiedenen Scheinsicherheiten und Scheingeborgenheiten zu verfallen, wobei sich diese natürlich auch in anderen Formen manifestieren können als in der Sucht nach finanzieller Sicherheit, z. B. in der übersteigerten Suche nach Zuwendung beim anderen Geschlecht, was insbesondere für Männer zu gelten scheint.

Über die skizzierten Problemfelder hinaus wird die Nachwelt bei der heutigen, auch der radikaleren Generation, wohl die weitgehende Indifferenz den Problemen der technisch weniger entwickelten Länder und der Umwelt gegenüber als Rahel- Syndrom erkennen. Die Tatsa-

---

3 Typisch für diese Haltung ist die öffentliche Äußerung des Finanzreferenten der Evangelischen Landeskirche in Württemberg Oberkirchenrat Dr. Bauer während einer Vikarskonferenz in der Akademie Bad Boll, in der er seine Sorge darüber zum Ausdruck brachte, dass die Alterssicherung der kirchlichen Mitarbeiter über das Jahr 2025 hinaus heute noch nicht garantiert sei.

che, dass es in vieler Hinsicht eine Sekunde vor zwölf ist, hindert uns nicht daran, in unserer Wirtschaftsweise, bei der Heizung unserer Wohnungen, beim Autofahren, beim Müll und bei vielen anderen Dingen ein rücksichtsloses und geradezu selbstmörderisches Verhalten an den Tag zu legen, das unter Verwendung biblischer Begriffe nur mit »verhärteten Herzen«, »verklebten Augen« und »verstopften Ohren« zu beschreiben und dem Rahel-Syndrom zuzuordnen ist.

Das Jakob-Syndrom der Beziehung sowohl zu Lea als auch zu Rahel beinhaltet natürlich auch das Rahel-Syndrom. Wer eine engere Beziehung zu Rahel hat, erfährt unausweichlich ihre Zwiespältigkeit.

In der archetypischen Bedeutung des Jakob-Syndroms ist die Tatsache besonders wichtig, dass Rahel zwar geliebt, von ihr geträumt und um sie geworben wird, dass sich aber fast jedermann damit abfindet, wenn er sich nach langen Dienstjahren betrogen sieht und nicht die liebenswerte und begeisternde, aber auch zwiespältige Rahel sondern die eher durchschnittliche und einfältige Lea erhält. Allzu viele haben zwar visionär geträumt und sich gar »auf den langen Marsch durch die Institutionen«[4] eingelassen. Aber dann werden sie schließlich doch pragmatisch und »realistisch«, passen sich den Verhältnissen an und werden wie die meisten anderen zu einem Teil des »Establishments«. So werden die alten Träume als unrealistisch verraten und aufgegeben und

4 einem Begriff der sogenannten 68er Bewegung

die dadurch entstehende Verwundung durch Oberflächlichkeit, Resignation und Zynismus kaschiert.

Besonders deutlich ist das Jakob-Syndrom in der früheren DDR (und wohl auch in anderen osteuropäischen Staaten) geworden. Die Erneuerer hatten dort oft jahrelang und unter großen Risiken und Opfern von der Befreiung geträumt und der dann stattgefundenen gewaltfreien Revolution den Boden bereitet und sie eingeleitet. Bei den späteren Wahlen mussten sie dann zu ihrer großen Enttäuschung feststellen, dass sie in Massen rechts und links überholt wurden und die meisten ihrer Vorstellungen der von unserer Regierung schamlos ausgeschlachteten D-Mark-Gier und dem Konsumwahn zum Opfer fielen. Die Neuerer hatten von Rahel geträumt und für sie gearbeitet und mussten später erkennen, dass Lea an Rahels Stelle getreten war.

Bei Jeremia (von Matthäus im Zusammenhang mit dem Kindermord von Bethlehem wieder aufgegriffen) heißt es im 31. Kapitel:

> Eine Stimme ist in Rama zu hören,
> ein Wehgesang,
> ein Weinen der Bitternis.
> Rahel verweint sich
> um ihre Söhne,
> weigert, sich trösten zu lassen
> um ihre Söhne,
> ach, keiner ist da![5]

---

5 wie alle Texte der hebräischen Bibel in der Verdeutschung von Martin Buber

Rahels wenige Kinder werden verraten, aufgegeben, geopfert.

Ich selbst habe diese Situation bis hin zu den biblischen Zeitspannen konkret in der eigenen Lebensgeschichte erfahren und erlebe sie immer wieder. In den frühen siebziger Jahren bin ich bei meinem damaligen Arbeitgeber ausgeschieden, um zusammen mit Freunden ein neues Unternehmen mit hoch gesteckten Zielen zu gründen. Es war ein idealistischer, visionärer Versuch im Sinn der Gottesvolkidee und damit ein Dienen um Rahel. Nach einigen Jahren wurde aber deutlich, dass das Unternehmen eine Heimstätte nicht der Rahel sondern der Lea zu werden begann. Rund sieben Jahre dauerte es, bis dies endgültig klar war und eine Neuorientierung und gewissermaßen eine Neuverpflichtung fällig wurde. Es dauerte weitere sieben Jahre, bis endlich mit dem LEBENSHAUS in Trossingen und anschließend mit meinem Buch »Die heilsame Alternative«[6] auch Rahel eine Stätte bereitet worden war. Aber immer wieder erlebe ich aufs Neue, dass es bei Einladungen zu Vorträgen oder zur Veröffentlichung von Aufsätzen um »Anliegen der Lea« geht und dass ich Mühe habe, die Anliegen der »Rahel und ihrer Kinder« dabei nicht zu vernachlässigen oder gar zu vergessen.

Als ich im Frühjahr 89 von Heyne gefragt wurde, ob ich für diesen Verlag ein Buch über flexible Arbeitszeiten schreiben würde, wollte ich zunächst ablehnen. Das war zwar mehr als zwanzig Jahre lang ein zentrales Thema

---

6   erschienen 1989 im Hammer-Verlag in Wuppertal

für mich gewesen, doch ich glaubte, das Kapitel »Lea« in meinem Leben endgültig beendet zu haben. Schließlich ging mir auf, dass auch Jakob auf Dauer nicht nur mit Rahel sondern auch mit Lea verheiratet blieb. Und so sagte ich zu und macht mich an die Arbeit als eines Dienstes für Lea, der Ungeliebten.

An dieser Situation wird ein Dilemma vieler Menschen sichtbar, nämlich eine Verbindung, Verpflichtung oder Verstrickung, bei der es um zwei verschiedene Überzeugungen geht. So schwer es fallen mag: der Betroffene erfüllt nur dann sein persönliches Schicksal und wird so zur ganzen Person, wenn er in seinem Leben beiden Schwerpunkten gerecht zu werden vermag, wenn er Lea und Rahel dient, und wenn er dabei nicht übersieht, dass Rahel die »Hausgötzen« ihres Vaters mitlaufen lässt. Auch das gilt es wahrzunehmen, ernst zu nehmen und anzunehmen.

Üblicherweise ist die Situation allerdings meist umgekehrt als es bei mir der Fall war, da jeder - scheinbar unausweichlich - trotz seiner ursprünglichen Rahel-Träume mit Lea zusammenlebt und sich schließlich mit ihr zufrieden gibt, auch wenn er irgendwann einmal in seinem Leben Rahel Treue gelobt hat. Dabei geht es ja nicht darum, der Lea aufzukündigen. Wir sollten vielmehr über der schmerzlichen Enttäuschung Rahel nicht aufgeben und die zusätzliche Dienstzeit für sie nicht scheuen. Nur so werden wir zu ganzen Menschen, pragmatisch und visionär zugleich. Bedauerlicherweise geschieht dies allzu selten. So wird Rahel im Stich gelassen, und ihre

Kinder werden verraten. »Rahel wartet«, hat mir einmal Norbert Lohfink[7] geschrieben, als ich ihn mit meinem Lebensweg und mit meinen Beziehungen zu den beiden Frauen Jakobs bekannt machte. Auf wen wartet sie noch, und bei wem weint sie?

---

7 als katholischer Alttestamentler Professor in Frankfurt, der vor allem durch seine Bücher über die jüdischen Wurzeln des Christentums bekannt geworden ist.

Der unbekannte Messias

Bei der Suche nach unserer Bestimmung, den visionären Träumen, die wir verwirklichen sollten, wird Jesus von Nazareth zum Wegweiser - oder zum Stein des Anstoßes. Dabei geht es allerdings weniger um das gängige Christusbild als vielmehr um den weitgehend unbekannten Messias, der nicht nur für die Juden sondern auch für die meisten Christen bis heute ein Fremder ist. Allerdings besteht zwischen beiden Bildern kein unmittelbarer Gegensatz. Unser Christusbild wird vielmehr durch ein Messiasbild ergänzt werden müssen.

Entscheidend ist dabei die Tatsache, dass Jesus Jude war und nicht nur von den jüdischen Überlieferungen sondern auch von seiner Zeit und seiner Umwelt geprägt worden ist. So ist der messianische Traum, wie er ihn verwirklicht hat, seinem Volk und nur seinem Volk eigentümlich. Natürlich haben auch andere Völker und ihre Religionen auf messianische Erlösergestalten gehofft und gewartet. Gerade die mehr oder weniger gleichartige Erwartungshaltung vieler Völker und Kulturen hat sicherlich die Verbreitung des Christusglaubens paulinischer Prägung gefördert. Dabei wurden aber ohne Zweifel fremde Elemente, vor allem aus dem griechisch-römischen Kulturraum übernommen.

Die Übernahme nicht-jüdischer Elemente hat beispielsweise dazu geführt, dass die Deutschen, einschließlich vieler ihrer Kirchenführer, in Hitler eine messianische Gestalt gesehen haben, der sie sich mehr oder weniger bedingungslos unterwarfen bis hin zum Gruß »Heil Hitler«. Das alles vollzog sich trotz ihrer christlichen Prägung oder vielleicht gar gerade ihretwegen. Jedenfalls macht diese Erfahrung deutlich, dass ihr Messiasbild in entscheidenden Punkten unklar und verschwommen oder gar völlig falsch war.

Was die messianische Erwartung des Judentums in der jesuanischen Sichtweise auszeichnete, wird den jüdischen Überlieferungen in der hebräischen Bibel[8] zufolge schon rund tausend Jahre vor Jesus deutlich:

In der entscheidenden Geschichte wird Samuel von den Juden gebeten, ihnen einen König zu verschaffen, was er auch zögernd und widerstrebend besorgte. Zuvor hatte Samuel, den Überlieferungen zufolge, in aller Deutlichkeit die Nachteile des Königtums aufgezeigt[9]. In der folgenden Zeit kam dieses Thema nicht mehr zur Ruhe. Tausend Jahre lang blieb die Frage nach einem Messias, dem gesalbten König Gottes, als einem idealen König, der kein Unterdrücker ist, ein gärendes Problem. Die Schwangerschaft dieses »göttlichen Gedankens« im jüdischen Volk dauerte rund tausend Jahre, bis schließlich in Jesus das Traumbild zur Wirklichkeit wurde.

---

8 der Begriff der hebräischen Bibel tritt ganz bewußt an die Stelle des üblichen Begriffs »Altes Testament« (siehe auch Lohfink, Der niemals gekündigte Bund, Freiburg, 1989)
9 nachzulesen in 1. Sam. 8

Dieses hartnäckige Festhalten Israels am Ideal der Herrschaftsfreiheit und der sozialen Gerechtigkeit ist umso erstaunlicher, als in diese Zeitspanne alle Übergänge vom Nomadentum zur Sesshaftigkeit und vom ländlichen zum städtischen Leben fielen. Das sind alles Übergänge, die üblicherweise eine vielleicht schmerzhafte, aber letztlich klaglose Anpassung, sprich Unterwerfung unter eine Machtelite und deren Privilegien mit sich bringen. Im Judentum blieb zwar diese Anpassung nicht aus; die ständige Beschäftigung mit den heiligen Überlieferungen führte aber dazu, dass die dadurch verursachte Verletzung der Menschenwürde nie ausheilte. Die Juden hatten ganz einfach erkannt, dass nur der freie Mensch, der keinen inneren und äußeren Zwängen unterworfen ist, seine Bestimmung finden und erfüllen kann. Dieses Wissen gaben sie nie auf. Erich Fromm schreibt[10]:

»Gerade weil die Freiheit im Wertsystem der Bibel eine so zentrale Rolle spielt, stellt die Befreiung aus Ägypten das zentrale Ereignis der jüdischen Überlieferung dar. Es ist bemerkenswert, dass der religiösen Gesetzgebung Israels, den am Berg Sinai erlassenen Geboten, eine soziale Revolution vorausgeht, denn nur freie Menschen, nicht Sklaven, können die Tora empfangen.«

Das war der historische Hintergrund, vor dem Jesus auftrat, der Hintergrund, der ohne Zweifel auch ihn beeinflußte und prägte. Hinzu kam, für ihn gewissermaßen

---

10 Erich Fromm, Ihr werdet sein wie Gott, Hamburg, 1980

als bedenkliches Beispiel, die Geschichte der Makkabäer, die die messianischen Erwartungen vieler erfüllt hatten.

Mehr als hundertfünfzig Jahre vorher hatte nämlich schon einmal fast dieselbe historische Situation geherrscht wie zur Zeit Jesu. Waren es bei Jesus die Römer und ihre Helfershelfer, die das Volk, ihren Glauben und ihren Gottesdienst unterdrückten, so sind dies vorher die Griechen gewesen. Die Rettung kam damals durch die Makkabäer, die mit einem erfolgreichen Aufstand das Land von den Gott lästernden Griechen und ihren Kollaborateuren mit Waffengewalt befreiten und den Tempel säuberten. Konsequenterweise wurde einer der Familie der Makkabäer zum messianischen König gesalbt, ein anderer zum messianischen Hohepriester.

Den Weg des Widerstands und der versuchten Befreiung durch Waffengewalt gingen nicht nur die Makkabäer, dass Befreiung durch Gewalt ein Widerspruch in sich selbst ist, weil dadurch die Andersdenkenden gewaltsam unterdrückt oder gar umgebracht werden, blieb nicht nur ihnen verborgen. Bis hin zum letzten großen Aufstand gegen die Römer durch Bar Kochba[11] im Jahre 132 n. Chr. versuchten ihn in den ersten beiden Jahrhunderten unserer Zeitrechnung wohl mehr als ein halbes Dutzend anderer »Messiasse«. Allerdings war dieser Weg nicht nur wenig erfolgreich, wie die Geschichte bezeugt. Er ist auch keinesfalls der einzige, der sich aus den Über-

---

11 Bar Kochba wurde von dem auch heutzutage hoch angesehenen Rabbi Akiba als Messias ausgerufen. Er gilt bis heute als der letzte »Fürst Israels«.

lieferungen der hebräischen Bibel ableiten läßt. Ganz im Gegenteil. Wie vor allem aus den prophetischen Büchern immer wieder deutlich wird, war die Messiashoffnung eigentlich - oder zumindest auch - auf ganz andere Persönlichkeiten gerichtet, doch haben das nur wenige gesehen und sehen wollen, damals wie heute.

Aber da war einer - so können wir vermuten - der die Dinge sehr viel kritischer hinterfragte, der die biblischen Fragmente sammelte, vor allem aus prophetischen Quellen, Fragmente, die in leiser, aber eindringlicher Sprache durch die Jahrhunderte immer wieder deutlich machten, dass dies alles ein Irrweg sei, auch wenn er kurzfristig gesehen wie bei den Makkabäern zum Erfolg führe. Das sind all die Textstücke, in denen dem allgemeinen Hang zur Lösung von gesellschaftlichen Problemen durch die Mittel der Macht und der Gewalt der einsame Weg des Machtverzichts, der Gewaltfreiheit und der Selbstverpflichtung als der einzig richtige Weg gegenüber gestellt wird.

Damit wurde und wird eines der wichtigsten Grundkonzepte für die Regelung menschlichen Zusammenlebens nicht nur in Frage gestellt, sondern durch ein völlig gegensätzliches, die heilsame Alternative des Messias Jesus, ersetzt. Gilt doch bis heute als unbestritten, dass der seit den Anfängen menschlicher Zivilisation geltende Grundsatz der Ausübung von Macht, Herrschaft, Zwang und Gewalt durch eine wie immer legitimierte Machtelite der einzige Weg ist, auf dem eine größere Zahl von Menschen ihr Zusammenleben und Zusammenwirken ordnen kann. Die Überwindung dieser Theorie ist von welthistorischer Bedeutung und hat ungeheure weltpolitische Konsequenzen, deren Tragweite bis heute auch nicht annähernd begriffen zu sein scheint.

Nur einer der Texte, der die neue Theorie stützt, soll hier zitiert werden. Er wird deshalb hervorgehoben, weil er für Jesus, den einhelligen Überlieferungen der Evangelien zufolge, von so großer Bedeutung war, dass er ihn bei seinem Einzug in Jerusalem bis ins Detail hinein so deutlich inszenierte, dass selbst der dümmste Volksgenosse (damals wie heute) hätte begreifen können, um was es Jesus in Wirklichkeit ging. Bei Sacharja heißt es im 9. Kapitel:

> Juble sehr, Tochter Zion,
> schmettre, Tochter Jerusalem!
> nun kommt dir dein König,
> ein Erwahrter und Befreiter ist er,
> ein Gebeugter, und reitet auf dem Esel,
> auf dem Füllen, dem Grautierjungen.
> - «Streitgefährt tilge ich aus Efrajim,
> Roßmacht aus Jerusalem, ausgetilgt wird der Bogen des Kriegs.» -
> Er redet den Weltstämmen Frieden,
> von Meer zu Meer ist sein Walten,
> vom Strom bis an die Ränder der Erde.

Der König, der hier gezeichnet und in den heiligen Schriften auch unübersehbar so überliefert wird, ist ein ganz anderer König als ihn die Makkabäer darstellten und ihn die Menschen damals wie heute erwarteten und erwarten. Er ist ein Volkskönig und ein Friedenskönig, der die durch den Propheten übermittelte Verheißung Gottes,

> »Streitgefährt tilge ich aus Efraijm,
> Roßmacht aus Jerusalem,
> ausgetilgt wird der Bogen des Kriegs[12]«

ernst nimmt, mit einseitiger totaler Abrüstung sein Amt antritt und durch diese »vertrauensbildende Maßnahme« Frieden stiftet. Er bedroht niemand, auch nicht durch Abschreckung und jagt niemand Angst ein. Ja, er akzeptiert das Risiko des eigenen schrecklichen Untergangs im Falle des Mißerfolgs, wie das an der weiteren Lebensgeschichte Jesu deutlich wird. Er ist also ein König im Sinne der neuen Theorie des Machtverzichts und der Gewaltlosigkeit.

Unglaublich und ganz und gar nicht das, was im gängigen Christentum gelehrt und vermittelt wird, denn nur der erste Teil dieses Textes ist allgemein bekannt, wie schon das weit verbreitete Adventslied zeigt:

> Tochter Zion, freue dich,
> jauchze laut, Jerusalem!
> Sieh, dein König kommt zu dir,
> ja, er kommt, der Friedefürst.
>
> Hosianna, Davids Sohn!

---

[12] Sach. 9,10, verdeutscht von Martin Buber. Hier ist die Übersetzung von Buber besonders wichtig, weil sie im Gegensatz zur christlichen Einheitsübersetzung deutlich macht, dass dieser Vers einen Gottesspruch, eine göttliche Verheißung darstellt.

sei gesegnet deinem Volk!
Gründe nun dein ewig Reich!
Hosianna in der Höh.

Hosianna, Davids Sohn!
Sei gegrüßet, König mild!
Ewig steht dein Friedensthron,
Du, des ewgen Vaters Kind!

Das wird landauf, landab, mit vom Kerzenschimmer verklärten Augen in der Adventszeit gesungen. Komfortabel zurückgelehnt in unseren Polstersesseln fordern wir den Friedenskönig auf, sein »ewig Reich« zu gründen, und bestätigen großzügig, »ewig steht dein Friedensthron«, was auch immer das bedeuten mag. Doch kaum einer von denen, die es hören oder gar selbst singen, hat auch nur die geringste Ahnung davon, um was es bei dem Text, der dem Lied zugrundeliegt, wirklich geht.

So fremd und unverdaulich uns das Ganze scheint, so ist dies doch ganz offensichtlich die Überzeugung, die Theorie, die Jesus deutlich zu machen und konkret zu leben versuchte. Nicht sehr erfolgreich, wie wir alle wissen, weder damals noch heute.

Wie ist Jesus mit der Einsicht umgegangen, dass die Menschen zwar einen Heiler für Leib, Seele und Geist willkommen hießen, ihn und seinen Weg aber in politischen Dingen ablehnten und einen kriegerischen Führer vom Schlag der Makkabäer vorzogen, damals wie heute? Es muss ihm ja irgendwann auf gegangen sein, dass ihn seine Zeitgenossen (ebenso wie die unsrigen) zwar als Wundertäter begeistert feierten und auch seine Verkündigung eines liebenden, väterlichen Gottes beglückt aufnahmen. Die politischen Konsequenzen daraus blieben aber den meisten seiner Zeitgenossen ebenso fremd wie den unsrigen. Wie hat er das verkraftet, und welche Konsequenzen hat er daraus gezogen?

Was wird er sich wohl gefragt haben nach der ersten Phase der Begegnung mit den begeisterten Menschen, die trotz aller Erfahrung mit Jesus zu der für die Menschheitsgeschichte entscheidenden Umkehr zum Machtverzicht und zur Gewaltfreiheit nicht bereit waren und ihn deshalb in einem seiner wesentlichsten Anliegen im Stich ließen? Hat er sich zunächst mit Johannes dem Täufer und dessen Verkündigung des strafenden Gottes verglichen, und blieb er beim Blick zurück am Schicksal des Propheten Hananja hängen, der in einer Krisensituation des Volkes im Gegensatz zu Jeremia, seinem Zeitgenossen und Gegenspieler, nur den barmherzigen und nicht auch den strafenden Gott verkündigte und für dieses Versäumnis sterben musste[13]? Der Vergleich lag ja nahe genug, ähnelte doch von der Aussage her der Täufer eher dem Jeremia und Jesus dem Hananja. Kam er von Hananja auf Jona[14], der als Drückeberger vor Gottes Auftrag von der Schiffsmannschaft geopfert wurde und drei Tage im Bauch des Fisches verbringen musste, um zu seiner Mission an der Stadt Ninive heranzureifen?

---

13 nachzulesen in Jer. 28 ff
14 die Geschichte Jonas ist nachzulesen im gleichnamigen Buch der hebräischen Bibel

Wir wissen es nicht im einzelnen, aber sicher war Jesus von Jona ebenso fasziniert wie jedermann, dem die große Umkehr ein Anliegen ist, bleibt doch die Geschichte von Jona die einzige prophetische Erzählung der hebräischen (also seiner) Bibel von einem großen, überwältigenden Erfolg. Jona fasziniert ja nicht nur als eigensinniger, wenig wandlungsfähiger, dafür aber sehr menschlicher Prophet sondern auch als ein Mensch, dessen Erfolg wohl das Ergebnis ist der einzigartigen Begegnung einer offensichtlich unsicher gewordenen Bevölkerung mit einem von der Dunkelheit und dem Tod gezeichneten Mann Gottes, der geeignet war, durch seine Bußpredigt eine große Erschütterung als Vorläufer der Umkehr auszulösen.

Mehr noch, wie im Midrasch überliefert wird, sagte der wiedergekehrte Prophet Elia zur Mutter Jonas: »Ich werde die Botschaft der Erlösung bringen, und danach wird dein Sohn auftreten, der Messias aus dem Geblüt Josephs.«[15] Nach den auch zur Zeit Jesu schon lebendigen mündlichen Überlieferungen galt Jona als messianische Gestalt, möglicherweise gar als einer der beiden Großen, die als Messias ben Joseph und Messias ben David die Erlösung bringen sollten[16].

Den beiden Evangelisten Matthäus und Lukas zufolge nahm Jesus wiederholt auf Jona und auf die große Umkehr der Bevölkerung von Ninive Bezug[17]. Es ist nicht si-

---

15 zitiert aus Midrasch Tehillin nach Weinreb, Das Buch Jonah, Zürich, 1970
16 siehe auch Sach. 4
17 Matth. 12, 39 ff, 16,4, Lukas 11, 29 ff

cher, ob die zitierten Aussagen tatsächlich von Jesus stammen - Markus jedenfalls berichtet nichts darüber - doch ist die Verwandtschaft beider Schicksale so offenkundig, dass sie nicht nur für die Evangelisten sondern sicherlich auch für Jesus selbst wenigstens eine Möglichkeit und Grundlage für seine Hoffnung war, sein Opfergang nach Jerusalem werde nicht nutzlos sein.

Der ersten Phase der gescheiterten Mission Jesu folgte eine Zeit der Frustration und der Neubesinnung. Sie ist von zwei Themenkreisen gekennzeichnet und geprägt:

Zum einen von seinen oft unterschlagenen Wutausbrüchen mit der Verfluchung der jüdischen Städte[18], in denen er gearbeitet hatte, von seinen Brandreden gegen die Machteliten, aber auch von seinen Tränen über die dem Untergang geweihte Stadt Jerusalem. Dieser erste Teil umfasst gewissermaßen die emotionale Reaktion von Jesus auf die gescheiterte Mission.

Hier zeigt sich Jesus als lebendiger Mensch, der seinen Gefühlen Raum lässt. Das passte zwar jahrhundertelang nicht zu den gängigen Idealen weder von dem Christus »ohne Sünde« noch von dem »ganzen« Mann, der sich seine Gefühle nicht anmerken lässt. Tatsächlich wird hier Jesus erkennbar als »der erste neue Mann«, wie es Franz Alt richtigerweise beschreibt[19]

---

18 seine Wehrufe (Matth. 11,21) sind im Aramäischen offensichtlich nichts anderes als Verfluchungen.
19 Franz Alt, Jesus - der erste neue Mann, München 1989

Der andere Teil stellt die sachlich-inhaltliche Auseinandersetzung mit der künftigen Aufgabe dar:

Dazu gehören die Todesankündigungen mit der Aufforderung, sich dem Kreuz zu stellen. Innerlich damit verbunden sind die Aussagen über das Weizenkorn, das sterben muss, um Frucht zu tragen. Beide Punkte sind überwölbt und gleichzeitig Teile der nun einsetzenden offenen Auseinandersetzung um seine Messianität, die gleichzeitig das Todesrisiko durch die Machtelite eingeht und akzeptiert, ja sogar provoziert.

Zwar scheint in der theologischen Forschung immer noch strittig zu sein, ob Jesus selbst eine messianische Eigenvorstellung hatte. Doch schon die Versuchungsgeschichte mit ihrer Auseinandersetzung um die Machtfrage ergibt weder für einen angehenden Wanderprediger noch für einen kommenden Propheten irgendeinen Sinn. Sie wird erst einleuchtend, wenn wir der Vermutung Raum geben, dass Jesus nach seiner überwältigenden Gotteserfahrung bei der Jordantaufe von Gefühlen der Allmacht geradezu überschwemmt wurde, Gefühle, die für ihn fast zwangsläufig mit der Vorstellung, der Gesalbte Gottes, der Messias, zu sein, verbunden sein mussten insbesondere, wenn Gott, wie wir dies bis heute tun, vor allem als der Allmächtige verstanden wird. Diese Gefühle der Allmacht verbunden mit der alltäglichen Erfahrung der Allmacht der Caesaren dürften seine innere Auseinandersetzung mit seinem Verständnis der messianischen Aufgaben in aufwühlender Weise beeinflusst haben. Bei einem angestrebten Lebensweg als Wanderprediger und Wunderheiler wäre allerdings die beschriebene Versuchungsgeschichte ohne Sinn. Sie bliebe dann völlig bedeutungslos.

Auch wäre der offensichtlich von Jesus inszenierte Einzug in Jerusalem ebenso sinnlos wie seine Tempelreinigung. Dasselbe gilt für das von Jesus am Beginn der zweiten Phase der Öffentlichkeitsarbeit eingeführte Bild vom Kreuz[20]. Das Kreuz war nämlich damals die allgemein bekannte Form der Todesstrafe der römischen Gerichtsbarkeit und wurde vor allem gegen Aufständische, also gegen politische Verdächtige und Täter verhängt. Die Ankündigung des Kreuzesrisikos hatte also für die damaligen Zuhörer eine ganz andere Bedeutung als für den Durchschnittschristen heute, der dies als Aufforderung dafür versteht, das Kreuz seines Lebens, sprich auch seine negativen Aspekte, auf sich zu nehmen. Damals bedeutete diese Aussage nichts anderes als dies: Wer meinen Weg geht, der legt sich mit den politischen Machthabern an und muss damit rechnen, dafür von ihnen umgebracht zu werden.

Mit der Kreuzesankündigung, mit dem Einzug in Jerusalem und mit der Tempelreinigung - um nur wenige, aber wichtige Indizien zu nennen - vollzieht Jesus den wohl kühnsten Schritt seiner Messiasmission. Entgegen der bereits zitierten mündlichen Überlieferung, die einen hohepriesterlichen Messias ben Joseph und einen königlichen Messias ben David kannte, fasste er beide Messiasbilder zusammen. Ob dabei der Tod von Johannes

---

20 Matth. 10, 38 und 16, 24

dem Täufer eine Rolle gespielt hat, bleibt eine offene Frage. Bekanntlich war dieser für viele Zeitgenossen und auch noch lange nach- her[21] eine weitere messianische Gestalt ja geradezu ein Rivale Jesu. Jedenfalls war zu Lebzeiten von Johannes denkbar, dass dieser eher der hohepriesterliche Messias sein könnte und Jesus der königliche, eine Aufgabenteilung, die nach dem Tod von Johannes kaum mehr vorstellbar war.

Es war zwar für die damalige (wie auch für die heutige) Vorstellungswelt undenkbar, dass beide Bilder in einem Menschen vereinigt würden. Dazu war das Spektrum der Erwartung zu groß. Wie die christliche Geschichte beweist, kam es dadurch geradezu zwangsläufig zu einer dualistischen Spaltung. Bis heute wird im Christentum Jesus die Rolle eines hohepriesterlichen Messias zugewiesen und von dem irgendwann einmal wiederkehrenden Christus die Erfüllung der königlichen Rolle erwartet.

Gerade die letztere Erwartung wird von Jesus eindeutig widerlegt. Mit seiner Rede vom angebrochenen Gottesreich entzieht er der endzeitlichen Fernerwartung den Boden und verlegt unsere Verantwortung auf das Hier und Heute. Mit der zweiten Phase seiner öffentlichen Arbeit unterstreicht er dies und beweist, dass er sowohl der hohepriesterlich-religiöse als auch der königlichpolitische Messias war und dies auch beanspruchte.

---

21 es gab im Zweistromland noch jahrhundertelang eine johanneische Sekte, für die Johannes der Täufer und nicht Jesus der Messias war.

Er zeigt aber auch, dass der Verzicht auf Macht in kritischen Situationen bedeutet, zum Opfer von Macht und Gewalt zu werden. Die Spannung steigt eben nicht selten so hoch an, dass der Schritt zur Gewalt unausweichlich zu sein scheint. Die Entscheidung des politisch verantwortlichen Menschen liegt dann nur darin, Täter oder Opfer der Gewalt zu sein. Jesus zeigt und geht eindeutig den Weg des Opfers und vereinigt damit auf erschreckend-geniale Weise die scheinbar widersprüchlichen und verwirrenden Aussagen der Propheten, die zu den beiden getrennten Messiasvorstellungen geführt haben: Der leidende Gottesknecht wird in seiner individuellen Gestalt auf diese Weise wesensgleich nicht nur mit dem hohepriesterlich-religiösen Messias sondern auch mit dem königlich-politischen.

Hinzu kommt als weiteres aber eher nebensächliches Element die Weigerung Jesu, den »Guru« oder gar den »Führer« für begeisterte Anhänger zu spielen, für Menschen also, die bereit sind, sich bedingungslos einer charismatischen Führerpersönlichkeit zu unterwerfen. Er hatte nicht die Versuchung in der Wüste überwunden und den damit verbundenen Verlockungen der Macht widerstanden, um ihnen dann kurz darauf zu erliegen. Es ist deshalb nicht verwunderlich, dass er sich der Menschenmenge immer wieder entzog notfalls sogar fluchtartig. Darüber hinaus sollte der Hinweis auf die Risiken der Nachfolge helfen, dieser Gefahr einen Riegel vorschieben.

All dies macht seinen geistigen Weg, seine Verunsicherung und innere Not, bedingt durch die neue oder endlich realistisch beurteilte Situation, die anschließende Phase der inneren Klärung und die daraus erwachsende kompromisslose Haltung deutlich. Die Verunsicherung aber muss sehr viel tiefer gereicht haben, als wir üblicherweise einzuräumen bereit sind. Sie wird nicht nur an der Versuchungsgeschichte deutlich und an der schroffen Zurechtweisung von Petrus, als dieser ihm nach der ersten großen Leidensankündigung offensichtlich Alternativwege vorschlug[22] - etwa das Leben eines unauffälligen Wanderpredigers auf dem Land oder den gewaltsamen Widerstand als ein Messias im Sinne der Makkabäer. Sie wird auch erkennbar an seinen nicht immer gewaltfreien Äußerungen zur Waffenfrage.

Das alles scheint darauf hinzuweisen, dass das Rahelsyndrom der »Hausgötzen« für Jesus die Frage von Macht und Gewalt war, die sich ihm zwar immer wieder als Versuchung gestellt hat, der er aber nie erlegen ist. Letztes Zeugnis der biblischen Überlieferungen für diesen inneren Zwiespalt ist die Geschichte von der »Reinigung« des Tempels, die ohne Zweifel zumindest für die Erzähler eine Wiederholung der makkabäischen Tempelreinigung in jesuanischer Form darstellt. Zum Gedächtnis der makkabäischen Tempelreinigung wird bekanntlich bis heute im Judentum das Chanukkafest gefeiert. Selbst bei uns Christen ist die Erinnerung daran nicht völlig erloschen, ist doch der jüdische Brauch der Chanukkalichter bei uns mit den Adventskerzen übernom-

---

22 Mrk. 8 oder Matth. 16

men worden, auch wenn die meisten die Wurzeln dieses Brauchs nicht kennen.

Vermutlich ging die innere Auseinandersetzung bei Jesus aber noch weiter und fand ihren Schlusspunkt erst in der Stunde vor der Gefangennahme im Garten Gethsemane. Jesus hatte dort die letzte Gelegenheit, als freier Mensch über seine Zukunft zu entscheiden: Die Versuchung bedrängte ihn dabei wohl auf zweierlei Weise: Er hätte nach Galiläa fliehen oder - was angesichts der explosiven Stimmung in Jerusalem zwingender schien - sich an die Spitze des drohenden Volksaufstands gegen die Römer und ihre Helfershelfer stellen können - nicht weil er das gewollt hätte, sondern weil die auch durch ihn ungewollt provozierte, nun aber führerlos herumirrende »Herde ohne Hirten« ihm schier das Herz brach.

Sein aus schweren inneren Kämpfen geborenes Gebet »Nicht mein sondern dein Wille geschehe« bezieht sich direkt auf das zitierte Gotteswort aus Sacharia[23]. Es kennzeichnet den inneren Durchbruch Jesu und macht ihn endgültig zum großen Messias des Machtverzichts und der Gewaltfreiheit, wobei beides aus der Liebe zu Gott und den Menschen erwächst.

Was er vorher wirklich gedacht hat, und welche Schlüsse er für seine weitere Verhaltensweise daraus gezogen hat, das alles liefert ein weites Feld für Spekulationen. Wie vieles davon sich am Ende als reine Projektion

---

23 »Streitgefährt tilge ich aus Efraijm, Roßmacht aus Jerusalem, ausgetilgt wird der Bogen des Kriegs.«

erweist, muss offen bleiben. Aber es ist zulässig zu hinterfragen, um Jesu Motivation für seinen Opfergang nach Jerusalem zu untersuchen.

Einen wichtigen Hinweis für Jesu Verwandtschaft mit Jona liefert C. G. Jung, der in Jona eine Präfiguration Jesu sieht, wonach Jesus unbewusst eine Rolle ähnlich der Jonas spielte. Aber ist das alles? Ist es nicht denkbar und wahrscheinlich, dass Jesus selbst zu dem Schluss kam, auch er müsse »geopfert« werden und »drei Tage in der Unterwelt« verbringen, um mit einem neuen Versuch im Anschluss daran doch noch zum großen messianischen Erfolg zu kommen? War ihm vielleicht doch Jona ganz bewusst Vorbild und Leitbild für seine nächste Lebensphase? Wir können es nur vermuten und werden es letztlich auch nie mit Sicherheit in Erfahrung bringen.

Die einzige Frage, die am Ende des Vergleichs mit Jona legitim ist, bleibt: Hat sich Jesus geirrt? Oder hat ihn der gütige, väterliche Gott im Stich gelassen, weil er ganz andere, nämlich strafende Pläne wie bei Jeremia/Hananja hatte, und/oder weil sein Volk damals wie heute zur großen Umkehr nicht bereit war, weshalb die Welt bis heute vergeblich auf das zum Nachvollzug anspornende Beispiel des Gottesvolks nach Jesaja 2 und Micha 4 wartet?

Es bleiben nur zwei Möglichkeiten: Entweder war Jesus ein Hananja, der vor allem einen liebenden Gott verkündete und den strafenden unterschlug, mit der Folge des Todesurteils für ihn. Dann endete der Opfergang nach Jerusalem objektiv-historisch und subjektiv-psychisch mit Tod und Untergang für Jesus. Oder Gott ist doch vor allem ein liebender Gott. Die Option für das Gottesreich bleibt dann als Entscheidung des Menschen offen, denn Gott hat sich längst entschieden für und nicht gegen den Menschen, jeden Menschen. Dann aber wird Ostern und die Auferstehung nur in dem Maße Wirklichkeit, als dieser Geist in uns auferstehen kann, wir unsere Angst und Feigheit überwinden, und unser Leben eine Antwort sein will auf die erfahrene Liebe Gottes. Diese Antwort wird gegeben in der verantwortlichen Tat im Sinne Jesu, das heißt in bester jüdisch-messianischer Tradition. Die Entscheidung, ob Jesus ein Hananja oder ein Jona war, liegt also bei uns.

Bleibt die positive Antwort des Menschen aus, so verkommt Ostern zu einem Frühlingsfest, an dem das Erwachen, die Auferstehung der Natur gefeiert wird, wie dies in allen nicht-jüdisch geprägten Kulturen gang und gäbe-war und ist. Recht hübsch zwar aber seicht und heillos; ein endloser Kreislauf im Auf und Ab der Jahreszeiten, kein heilsamer Weg, der aus der Gefangenschaft herausführt.

Eine historische Tatsache dürfen wir aber nicht unterschlagen: Jesus ist mit großer Wahrscheinlichkeit bewusst den Weg Jonas gegangen. Er hat die dunkle Zeit »im Bauch des Fisches« bewusst gewählt, ja provoziert. War sein Selbstopfer vergeblich? Ist Ninive umgekehrt?

Kehren wir selbst in hinreichend großer Zahl um? Die Antwort liegt bei uns.

Was hat diese alte Geschichte für uns heute konkret zu bedeuten? Viel oder wenig. Sicher ist eins: Der Beginn einer Zeit des Friedens, der Gerechtigkeit und der Bewahrung der Schöpfung ist in unsere Hände gelegt. Die Katastrophen sind Produkte des Menschen, wenn auch im Rahmen ihrer von Gott geschenkten Möglichkeiten. Sie können nur heilsam werden durch eine aus Einkehr erwachsende Einsicht, die dann eine radikale Umkehr zur Folge hat. Insofern reiht sich nicht nur der Lebensweg von Jona, sondern auch der von Jesus bruchlos in die Bilderreihe vom Auszug aus Ägypten oder vom Weg des verlorenen Sohns, wobei es für das Grundmuster dieser Reise letztlich nebensächlich ist, wie viel von dem Weg bis zum Tiefpunkt selbstgewählt oder selbstverschuldet ist oder ohne eigene Wahl oder Schuld einfach schicksalhaft widerfährt. Allerdings entspricht es der Würde und Größe des Menschen eher, wenn dabei wie bei Jesus und später etwa bei Franz von Assisi oder Charles de Foucauld, der Weg vom Menschen selbst gewählt und bewusst gegangen wird.

Nur in unserer großen Umkehr kann die von vielen Christen (und Juden) erwartete Wiederkunft bzw. Ankunft des Messias bestehen. Aber es bedarf wohl vielfältiger individueller Erfahrung der Dunkelheit und des Todes, um diese so dringend notwendige Einsicht und Umkehr auszulösen und der Menschheit die Tür zum Heil aufzustoßen. Wenn dies geschieht, dann kann sich endlich auch das christliche Symbol des Kreuzes verändern, das bisher richtigerweise nur den schändlichen Untergang darstellt. Dann wird das Kreuz ergänzt werden durch den Sonnenkreis um die Kreuzesmitte als Zeichen der Auferstehung. Erst damit wird der ganze Weg des Menschen dargestellt, der Weg des Untergangs mit der am Tiefpunkt vollzogenen Umkehr und dem daraus geborenen Beginn des Aufgangs, der Auferstehung.

Rätselhafterweise hatten die alten Iren schon das Symbol in seiner Gänze geschaffen. Es ist dann aber nach der Unterdrückung des irischen Wegs durch die römische Kirche wieder verschwunden. Damit wird vermutlich sichtbar, was durch die Jahrhunderte wesentliches politisches Ziel war, nämlich die Zementierung eines Sünderbewußtseins mit gekrümmtem Rücken als Dauerzustand und die Förderung der Bereitschaft zur Unterwerfung, zu einem Untertanentum, das in völliger geistiger Abhängigkeit gehalten wird durch eine Priesterschaft mit Heilsmonopol. Aber das ist wohl nicht viel mehr als Spekulation. Der Weg, den das Symbol genommen hat, lässt nur vermuten, dass es von Irland nach Rom in geistigem Sinne den Menschen betreffend bergab ging.

Es ist zu vermuten, dass für das Christentum die Zeit mit dem ganzheitlichen Symbol des Kreuzes mit dem Sonnenkreis erst heranzureifen beginnt und dass dafür Untergang, Umkehr und Aufgang von vielen erfahren und vollzogen werden müssen.

Das Gottesvolk als messianische Alternative

Der Golfkrieg von 1991 hat einmal mehr den Zwiespalt der Kirchen in der Frage der militärischen Gewalt aufgedeckt. Einerseits sehen die Kirchenmänner (und Männer sind es ja zumeist) durchaus ein, dass ein Krieg nicht nur von den kriegstechnischen Möglichkeiten sondern auch von den jesuanischen Wurzeln des Christentums her kaum zu bejahen ist. Sie sehen im Krieg schlechthin einen Widerspruch zu Gottes Willen, aber wissen doch keinen Weg, in kritischen Situationen wie der am Golf den letztlich doch ungerechten Krieg konsequent zu verurteilen. Zwar jammern sie über das dadurch verursachte Elend, doch kaum einer hat den Mut, die Glaubensbrüder zur Verweigerung des Kriegsdiensts aufzurufen.

Die Bemühungen um Rechtfertigung der militärischen Gewalt sind sicher alle sehr pragmatisch und politisch gut zu begründen. Es ist aber kaum zu leugnen, dass sie mit den messianischen Aufgaben und Zielen, wie sie Jesus interpretiert hat, nicht zu vereinbaren sind. Der Messias jesuanischer Auslegung stand und steht in diametralem Gegensatz zum römischen Caesaren und all den auf seinem Weg legitimierten Bemühungen, die Probleme des menschlichen Zusammenlebens im Kleinen wie im Großen durch die Anwendung von Macht, Herrschaft, und Zwang zu bewältigen und den oder die Andersdenkenden notfalls mit Waffengewalt zu unterwerfen.

Wir können natürlich sagen, Jesus war nicht nur ein Träumer, sondern offensichtlich auch ein Spinner. Es sei deshalb blanker Unsinn, ihm in diesen Fragen zu folgen. Schließlich führt der Gewaltverzicht in Grenzsituationen zur grauenvollen Unterdrückung der Guten durch die Bösen, wie die Geschichte immer wieder bewiesen hat. Jesus selbst und auch das Volk der Juden lieferten in der Vergangenheit dafür ein nicht gerade einladendes Beispiel. Wir sollten deshalb ehrlich genug sein einzuräumen, dass seine Denk- und Handlungsweise nur teilweise vernünftig und praktikabel ist, und dass uns in den praktischen Dingen der Politik der Weg der Caesaren eher gangbar zu sein scheint als der des Messias. Schließlich ist es angenehmer, selbst zu prügeln als geprügelt zu werden. Ob wir mit einer solchen Denk- und Handlungsweise unseren Glauben noch christlich nennen und ihn auf Jesus gründen können, ist allerdings eine andere Frage, die wir vorsichtshalber schon gar nicht stellen. Und so bleiben wir eben bei unserer Verlogenheit, beanspruchen allen Übermalungen zum Trotz den jesuanischen Ursprung für den christlichen Glauben, obwohl unsere Verhaltensweise ziemlich eindeutig dem Weg der Caesaren folgt - wenn auch vielleicht schweren Herzens.

Der beschriebene Zwiespalt scheint umso krasser zu sein, je größer die Religionsgemeinschaft ist. Das wird an der Haltung der Großkirchen besonders deutlich. Die

Faszination durch große Zahlen scheint uns zu faulen Kompromissen geradezu zu zwingen. Wir sind nicht bereit, um einer klaren Aussage willen auf die Unterstützung breiter Massen zu verzichten. Die darin wurzelnde Bereitschaft zur Verbeugung nach allen Seiten vermag es zwar vielen recht zu machen, doch übersehen wir, dass die biblische Botschaft vom Messias und vom Gottesvolk eher auf die Radikalität einer Minderheit abzielt als auf eine mehr oder weniger indifferente Mehrheit. Der Messias ist eine Einzelperson, und das Gottesvolk im Vergleich zur ganzen Menschheit eine winzige Minderheit, und doch sollen sie nach biblischer Überzeugung »ein Licht zu erleuchten die Heiden« sein. Ja, schließlich soll die radikale Haltung und Handlungsweise des Gottesvolks nach Jesaja 2 und Micha 4 mit dem berühmten Spruch »Schwerter zu Pflugscharen« eine Völkerwallfahrt und den Beginn des Friedens zwischen den Völkern auslösen.

Der Weg der Inkarnation »göttlicher Gedanken« und prophetischer Visionen braucht zunächst vor allem einzelne Menschen und die Minderheit ihrer Gemeinschaften, die bereit sind, diesen »göttlichen Gedanken eine Stätte zu bereiten«, damit sie in all ihrer Radikalität irdische Wirklichkeit werden können. Dabei scheint es zunächst wichtiger zu sein, im Kleinen größere Schritte zu tun als im Großen kleinere oder gar keine (weil wir nämlich nicht selten in den großen Reden hängen bleiben und der Meinungsverschiedenheiten innerhalb der großen Zahl wegen zu keinen konkreten Maßnahmen kommen). Der Weg der Inkarnation braucht diese Pionierleistungen.

Er braucht den jungen Mann, der den Kriegsdienst verweigert, auch wenn in überschaubarer Zukunft nicht daran zu denken ist, dass in Bonn die Bundeswehr abgeschafft oder auch nur auf rein defensive Aufgaben auf deutschem Boden ohne ABC-Waffen beschränkt würde.

Er braucht die Geldbesitzer, der bereit ist, ihr Geld zinsfrei auszuleihen, auch wenn in überschaubarer Zukunft nicht daran zu denken ist, dass bei uns oder anderswo eine zinsfreie Geldwirtschaft entstehen könnte.

Er braucht die Gründer und Betreiber von Dritte- oder besser Eine-Welt-Läden, auch wenn in überschaubarer Zukunft nicht daran zu denken ist, dass die großen internationalen Handelsnetze eine gerechte Weltwirtschaft mit angemessenen Erlösen auch für die Unterprivilegierten auch nur anstreben geschweige denn verwirklichen würden.

Selbst wenn - rein pragmatisch betrachtet - der größere Schritt im Kleinen nicht mehr brächte als der kleine Schritt im Großen, so liegt der erste doch auf dem biblischen, dem messianischen Weg des Gottesvolks und nicht der zweite. Den zweiten können wir getrost den Pragmatikern der Macht und den Politikern überlassen. Wenn es - um Erhard Eppler zu zitieren - bei den radikaleren »Pionieren« heißen könnte »Hier stehe ich, ich kann nicht anders,« so würde das bei den Politikern wohl lauten: »Hier stehe ich, ich kann auch anders«. Das heißt, sie erklären sich wandlungsfähig. Wenn das Neue, das Wachsen und irdische Gestalt gewinnen will, in einer

Art von Kettenreaktion mehr und mehr Menschen erfasste, dann würden schließlich auch die Politiker die neue Denkweise zu ihrer Politik machen. Es geht also weniger darum, mit den Politikern gemeinsame Sache zu machen, als ihnen vorauszugehen und die Voraussetzungen zur Verwirklichung erstrebenswerter Beispiele zu schaffen, auch wenn die Aussichten dafür häufig genug nicht gerade sehr rosig sind.

Im übrigen ist darauf hinzuweisen, dass es weniger um ein »entweder - oder« geht als vielmehr um ein »sowohl als auch«. Die Arbeit im Großen und durch die Großen soll also hier nicht grundsätzlich verunglimpft werden. Vielmehr muss deutlich werden, dass der erstgenannte Weg, der bislang gröblich vernachlässigt oder gar nicht gesehen und konsequenterweise auch selten begangen wird, der eigentliche messianische Weg ist.

Wie dieser Weg aussehen könnte, lässt sich an einem einfachen Beispiel leicht erklären:

Nehmen wir an, Sie kämen zur Einsicht, ein neues Bodenrecht mit neutralisiertem Grundeigentum sei eine wesentliche Voraussetzung für mehr Gerechtigkeit in der Wohnungsfrage. Um diese Einsicht in die Wirklichkeit umzusetzen, stehen Ihnen grundsätzlich zwei Wege offen:

Sie können sich an die große Partei wenden, die Ihren politischen Überzeugungen nahe steht, und versuchen zu erreichen, dass Ihre Vorstellungen in den Grundsatzkatalog dieser Partei aufgenommen werden. Wie wir alle aus der Erfahrung wissen, ist das ein Prozess, der viele Jahre dauern kann. Wenn Sie nun das Pech der Sympathie zu einer Partei zu haben, die in der Opposition steht, so wird das selbst nach einem Erfolg Ihrer jahrelangen Bemühungen bedeuten, dass der Grundsatzkatalog mit Ihren Vorstellungen weitere Jahre in einer dunklen Oppositionsschublade liegt. Selbst wenn Ihre Partei an die Macht gelangen sollte, dann ist es nicht auszuschließen, ja sogar wahrscheinlich, dass sie dies in Koalition mit einer anderen Partei tut, die möglicherweise Ihre Vorstellungen ablehnt, weshalb diese nicht in die Koalitionsvereinbarungen aufgenommen werden und deshalb weitere Jahre in einer Schublade liegen, ohne dass etwas in Ihrem Sinne geschieht. Im ungünstigsten Fall kann es viele Jahrzehnte dauern, bis die Einsichten von Minderheiten, und seien sie noch so gut und richtig, politische Wirklichkeit werden.

Die heilsame Alternative des messianischen Wegs schließt zwar den beschriebenen Versuch nicht aus, solange dieser sich auf eine dienende und beratende Funktion beschränkt und nicht versucht, Macht und Druck auszuüben. Sein Hauptanliegen läge aber darin, dass Sie ganz einfach zusammen mit Gleichgesinnten (der kleinsten Zelle des »Gottesvolks«) im Sinn und Geist Ihres Anliegens eine Stiftung oder einen gemeinnützigen Verein gründen (niemand wird Sie ernsthaft daran hindern) und im öffentlichen Gespräch dafür eintreten, dass Menschen in eigener Entscheidung als ein Akt der persönlichen Umkehr (und darum geht es vor allem) ihre Eigentumsrechte an Grund und Boden Ihrer Stiftung

Das Gottesvolk als messianische Alternative 51

übertragen.[24] Entsprechend der Verheißung von Jesaja 2 und Micha 4 können Sie hoffen, dass die Faszination dieser Beispiele um sich greift und mehr und mehr Menschen zu ähnlichen Schritten veranlasst, lange bevor in Bonn entsprechende Gesetze als Zwangsmaßnahmen für jedermann beschlossen werden. Sie würden also eine Stätte als Grundlage dafür bereiten, dass das Wunder der Umkehr geschehen kann.

Wer sich als Glied des messianischen Gottesvolks sieht, ist vor allem der Zukunft Gottes auf dieser Erde verpflichtet. Im Sinne der Bitte Jesu im Vaterunser, »Dein Wille geschehe wie im Himmel so auf Erden«, gilt es, dem nach Frieden und Gerechtigkeit drängenden Geist Gottes im Irdischen Raum zu schaffen und Stätten zu bilden, in denen seine Anliegen mehr und mehr Wirklichkeit werden können. Das ist der Dienst um Rahel, der dem Menschen Sinn, Bestimmung, Erfüllung und Würde verleiht. Allerdings um den Preis der Aussonderung und auch der inneren Heimatlosigkeit, die schon bei Jesus sehr deutlich wird, der nicht nur von sich sagte, er »habe nicht, wo er sein Haupt hinlege« sondern auch »sein Reich sei nicht von dieser Welt.« Damit waren nicht oder jedenfalls nicht nur die »himmlischen Heerscharen und Gefilde« gemeint sondern eben die Zukunft, die Zukunft hier auf der Erde, die im Transzendenten wurzelt. In ähnlicher Weise ist das wohl auch bei Paulus gemeint, wenn es heißt: »Wir haben hier keine bleibende Stadt sondern die zukünftige suchen wir[25].«

24 siehe auch Kapitel Immobilienbesitz und...
25 Hebr. 13,14

Jesus und auch Paulus sind - nach Friedrich Weinreb zu schließen - wahre Hebräer. Weinreb schreibt nämlich[26]:

»... so bedeutet (das hebräische Wort - Anm. d. Autors) EBER »von der anderen Seite«, das heißt aus einer anderen Welt. Der Hebräer, der »Iwri«, wie er genau bezeichnet wird, ist also, von dieser Welt aus gesehen, aus einer anderen Welt gekommen. Ein jemand, der in dieser Welt ein Fremdling ist - Er bringt überallhin ... Unruhe mit sich. Er steht im Gegensatz zum »normalen« Ablauf der Dinge, er zertrümmert die Götter. Er scheint ein Zeichen für diese Welt aufzustellen, dass es noch etwas anderes gibt. Diese Welt wird von ihm für das Andere erweckt.«

»Von einer anderen Welt, für eine andere Welt,« das ist das Motto ihres Lebens, auch wenn das andere nicht viel mehr als ein Versprechen, eine Verheißung, eine Hoffnung, ist.

Die »Hebräer« sind also die Träger der aus dem Geist Gottes geborenen Veränderung der diesseitigen Wirklichkeit. Sie sind die Kinder Rahels. Sie sind es aber nicht nur als Glieder einer bestimmten Rasse oder Religion. Sie sind es, weil sie unabhängig von ihrer Herkunft oder ihrer Zugehörigkeit in einer anderen Wirklichkeit wurzeln und aus ihrer Sehnsucht nach Gott, nach dem Unendlichen, den zur Inkarnation, zur irdischen Wirk-

---

26 Friedrich Weinreb, Die Rolle Esther, Bern, 1980

lichkeit drängenden göttlichen Utopien und prophetischen Visionen für diese Welt verpflichtet sind.

Damit aber nicht genug. Es geht nämlich nicht nur um den einzelnen Menschen und seine Bestimmung. Es geht nicht nur um den Menschen als einzelne Person, sondern auch um die menschliche Gemeinschaft.

Der vielleicht bei Jesus zum ersten Mal in aller Deutlichkeit zu beobachtende Aufbruch des Menschen aus der Kollektivität in die Individualität (Hanna Wolff nennt ihn in diesem Sinn den »antikollektiven Jesus«[27]) führt, wie allenthalben erkennbar, zur Überbetonung des Individuums, zu seiner individuellen Größe und Würde, aber auch zu seiner Isolation, zu seiner Hilflosigkeit und zu seiner Verlorenheit. Das Wir ist aber für das Ich unverzichtbar. Auch Hanna Wolf sieht dies und schreibt: Jesu »Ich aber sage euch« führt gerade aus dieser undifferenzierten Beziehungsunfähigkeit heraus und macht damit echte Gemeinschaft überhaupt erst möglich... Aus dem Ich-Werden entsteht nun ein Wir höherer Ordnung. Anstelle der vorpersonalen Wir-Frömmigkeit wird eine echte, bewusste differenzierte Wir-Gemeinschaft überhaupt erst möglich«.

Diese Gemeinschaftsbildung als eine zwingende religiös politische Notwendigkeit war auch ein Anliegen Jesu. Aufbauend auf den Überlieferungen seines Volkes gab er

---

27 Das ist eine mißverständliche Bezeichnung von Hanna Wolff, da Jesus zwar die traditionellen Familienstrukturen kritisiert aber ausdrücklich neue Formen der Gemeinschaftsbildung fördert. (Hanna Wolff, Neuer Wein - Alte Schläuche, Stuttgart, 1981)

dabei eine Antwort auf die immer als erstes auftauchende Frage nach der Durchsetzung und Durchsetzbarkeit von politischem Willen auf seinem Wege des Macht- und Gewaltverzichts:

Wer darauf verzichtet, zur Durchsetzung seines politischen Willens die Instrumente von Macht, Herrschaft und Gewalt einzusetzen, der hat als politische »Verfügungsmasse« nicht die aus wahltaktischen Gründen mehr oder weniger verführten Zielgruppen der Bevölkerung sondern realistisch betrachtet nur sich selbst. Was bleibt ihm zu tun, wenn er trotzdem erreichen will, dass seine politischen Ziele verwirklicht werden? Als erstes wird er Gleichgesinnte suchen, und als zweites wird er versuchen, andere auf der Ebene der Gleichberechtigung und der Gleichrangigkeit im Gespräch zu überzeugen. Er wird dabei weder Druck noch Zwang ausüben. In diesem Sinn hat Jesus seine Jünger ausgesandt. Bei Matthäus ist im zehnten Kapitel zu lesen:

»Wenn ihr in eine Stadt oder in ein Dorf kommt, dann seht euch nach jemand um, der für eure Botschaft offen ist, und es darum verdient, euch aufzunehmen... Wo man euch nicht aufnehmen und nicht anhören will, da geht aus dem Haus oder der Stadt weg und schüttelt den Staub von den Füßen.«

Auf diesem Weg werden die Gleichgesinnten gesucht und gesammelt. Sie bilden gemeinsam die Arbeitsgruppe für die Verwirklichung der gemeinsamen politischen Ziele. Sie sind Sämann und Saatbeet zugleich. Sie treten nach jesuanischer Politik nicht auf als eine Partei, die - notfalls in Koalition mit anderen, die ähnliche politische Ziele vertreten - versucht, an die Macht zu kommen, um ihre politische Überzeugung auch gegen den Willen des Restes, mag er nun groß oder klein sein, durchzusetzen. Sie betrachten sich vielmehr gemeinsam als eine Pioniergesellschaft, deren Aufgabe es ist, unter Verzicht auf Macht und Mandat ihren politischen Willen innerhalb der eigenen Strukturen zu verwirklichen, also sich selbst individuell wie kollektiv in die Pflicht zur Umkehr und zur Veränderung zu nehmen. Sie gleichen so den Pionierpflanzen, die nach Naturkatastrophen oder in unwirtlichen Gebieten als erste den Boden besiedeln und ihn so vorbereiten für die Besiedlung durch andere.

Das primäre Ziel der politischen Arbeit im Sinne Jesu ist also nicht die nationalstaatliche Großgesellschaft, sondern die Bildung einer alternativen Gesellschaft innerhalb der Großgesellschaft, ohne sich durch deren Grenzen einschränken zu lassen. Dabei geht es im ersten Schritt um die Bildung von Basisgemeinden, also von überschaubaren solidarischen Gemeinschaften. Da aber viele gesellschaftliche Probleme zu groß sind, um innerhalb von einzelnen Gemeinschaften gelöst zu werden - denken wir nur an den Nord-Süd-Konflikt - bedarf es als bewussten zweiten Schritt der globalen Vernetzung dieser Gemeinschaften. Mit unseren heutigen Begriffen würden wir sagen, es geht um das Netzwerk einer transnationalen alternativen Gesellschaft.

Die Veränderung der eher ablehnend und feindselig gesinnten Großgesellschaft ist erst als sekundäres, als indirektes Ziel ins Auge gefasst, wie auch der Sacharja-Text deutlich macht. Der entscheidende Beitrag zum Weltfrieden, von dem dort die Rede ist, ist die einseitige Abrüstung innerhalb der »alternativen Pioniergesellschaft« Israels. Die Vorstellung von der Veränderung der politischen Landschaft der Großgesellschaften basiert nicht auf Mitteln der Macht. Die Veränderung soll also nicht erzwungen werden. Sie ist nicht mehr als ein Angebot, das auf einem konkreten gesellschaftlichen Beispiel aufbaut. Dieses Angebot lässt dem Angesprochenen die Freiheit der Wahl, sich dafür oder dagegen zu entscheiden, so schmerzlich das Ergebnis einer solchen Entscheidung für alle Betroffenen auch sein mag. Die angesprochene Freiheit ist ein zentrales Anliegen der Bibel, wie es schon in der Präambel zu den Zehn Geboten heißt öder besser gesagt den zehn Freiheiten[28]: »Ich bin dein Gott, der dich befreit.«

Die Zugehörigkeit zu dieser transnationalen alternativen Pioniergesellschaft setzt eine eigenständige Identität, ein von der Staatsbürgerschaft unabhängiges Bürgerbewusstsein und eine entsprechende Ethik voraus. Beides fehlt heute fast völlig. Für Jesus war die Sache einfach. Nach Jesaja 2 sollte von Zion, von der Stadt auf dem Berge, Gottes Weisung in die Welt ausgehen, um diese – ausgelöst durch das konkrete Beispiel des Gottesvolks – zu verwandeln. Konkret bedeutet dies, dass die in

---

28 ein Begriff, den Ernst Lange mit seinem Buch »Die zehn Freiheiten« einführte.

den mosaischen Gesetzen, der mosaischen Rechtsordnung festgeschriebene »Weisung Gottes« in der messianischen Pioniergesellschaft beispielgebend verwirklicht sein muss, bevor die dort beschriebene Völkerwallfahrt mit dem Ziel des Nachvollzugs erwartet werden kann. Und diese mosaische Rechtsordnung mit ihren teilweise bis heute unerreichten Vorstellungen etwa des Fremdenrechts könnte natürlich nur von den Juden selbst verwirklicht werden, weil sich eben nur die Juden darum bemühten. Deshalb hat sich Jesus ganz bewusst nur an die Juden gewandt und es konsequent abgelehnt, auch Nichtjuden anzusprechen, wie die Geschichte der Begegnung mit der kanaanitischen Frau beweist, die er nach Matthäus 15, 24 zunächst erbarmungslos mit den Worten abwies: »Ich bin nur zu der verlorenen Herde, dem Volk Israel, gesandt worden.«[29]. Auch als er seine Jünger zu eigenständiger politisch-religiöser Arbeit ausschickte, wies er sie nach Matthäus 10 strikt an: »Meidet die Orte, wo Nichtjuden wohnen, geht auch nicht in die Städte Samariens, sondern geht zu der verlorenen Herde, dem Haus Israel ...«

Für Jesus waren die Nichtjuden für die messianische Pioniergesellschaft ungeeignet, nicht etwa, weil sie minderwertig wären, sondern schlicht und einfach weil sie andere Ziele verfolgten, als die Rechtsordnung Gottes entsprechend den mosaischen Gesetzen in ihrer Gesellschaft zu verwirklichen, was auch für Jesus als Grundlage für das Gottesreich galt. Die Nicht-Juden kannten diese ja nicht einmal, und das zentrale Anliegen des Ju-

---

29 dass er ihr dann trotzdem half, hat andere Gründe

dentums, als Diener und Werkzeuge Gottes die Voraussetzungen für das Gottesreich auf Erden[30] mit Frieden und Gerechtigkeit zu schaffen, war ihnen zumindest in den wesentlichen Grundzügen völlig fremd, wie die Hauptströme des Christentums bis zum heutigen Tag beweisen.

Die Überzeugung Jesu wurde zunächst auch von den ersten messianischen Gemeinden innerhalb des Judentums übernommen. Diese wurden dann aber in erhebliche Gewissenskonflikte gestürzt, als sich immer mehr Nichtjuden der Bewegung anschlossen. Jakobus, der leibliche Bruder Jesu, also auch aus davidischem Geschlecht, der gewissermaßen als Prinzregent bis zur erwarteten Wiederkunft Jesu die Führung der messianischen Bewegung innerhalb des Judentums übernommen hatte, fällte schließlich das Urteil, dass Nichtjuden aufgenommen werden konnten, sofern sie sich den sogenannten noachitischen Gesetzen[31] unterwarfen und so die Minimal-Voraussetzungen für die Verwirklichung einer gesellschaftlichen Rechtsordnung nach Gottes Weisung erfüllten[32].

---

30 im Christentum mißvertändlicherweise zumeist als Himmelreich bezeichnet
31 das sind die nach der Überlieferung aus der Zeit des ersten Bundes Gottes mit den Menschen nach der Sintflut stammenden Gesetze. Sie gelten für alle Menschen, also auch für Nicht-Juden, und werden in die Zeit vor Mose und vor der Sinai-Geschichte (siehe auch 1. Mose/Genesis, 9) angesetzt. Sie werden im Judentum nach Zahl und Umfang unterschiedlich überliefert, so dass nicht sicher ist, ob dem Evangelisten nicht alle bekannt waren, oder ob der beschriebene Umfang damals tatsächlich der allgemein gültige war.
32 nachzulesen im 15. Kapitel der Apostelgeschichte

Das Gottesvolk als messianische Alternative 59

Paulus ging dieser Beschluss des Zentralrats in Jerusalem in seinem mystisch geprägten Übereifer und seiner Herkunft und Prägung im griechischen Kulturraum entsprechend nicht weit genug. In seiner berühmten Epistel an die Römer erklärte er das Gesetz schlechthin für überflüssig. Er schreibt dort im dritten Kapitel: »Gott hat so gehandelt, wie es seinem Wesen entspricht. Er hat selbst dafür gesorgt, dass die Menschen vor ihm bestehen können. Er hat das Gesetz beiseite geschoben und will die Menschen annehmen, wenn sie einzig und allein auf das vertrauen, was er durch Jesus Christus getan hat...«

Unglücklicherweise hat Paulus dabei völlig übersehen, dass das Gesetz, von dem er spricht, eben nicht nur alle möglichen rituellen Ordnungen und vielleicht wirklich überflüssigen Zwänge und unerfüllbaren Pflichten enthielt sondern eben auch die wohl großartigste gesellschaftliche Rechtsordnung, die der Kulturkreis des Mittelmeers hervorgebracht hat. Paulus schüttete das Kind mit dem Bade aus. Nach seiner ungewollten, aber von seinen Hörern und Lesern so aufgefassten Legitimation der Zügellosigkeit und des gesellschaftlichen Chaos blieb ihm nichts anderes übrig, als seine verwirrte Herde in die Hürde der römischen Rechtsordnung zu treiben, einer Rechtsordnung, die in vieler Hinsicht der jüdischen diametral gegenüber stand und steht. Es ist deshalb nicht verwunderlich, dass sein Ausspruch im 13. Kapitel desselben Briefs an die Römer bis heute in der Christenheit große Verwirrung stiftet. Er schreibt dort in logischer Folgerichtigkeit zu seiner vorausgegangenen, oben zitierten Überzeugung: »Jeder soll sich der Ordnungsmacht des Staates fügen. Denn es gibt keine staatliche Gewalt, die nicht von Gott verliehen wird. Wer sich gegen die staatliche Gewalt auflehnt, widersetzt sich der Anordnung Gottes und wird dafür bestraft werden.«

Durch die Aufhebung des jüdischen Gesetzes, also der jüdischen Rechtsordnung mit ihrem Ideal der Herrschaftsfreiheit und der Solidarität mit den »Witwen und Waisen«, also den Schwachen der Gesellschaft, blieb für Paulus zur Aufrechterhaltung der gesellschaftlichen Ordnung nur die Empfehlung der Unterwerfung unter die römische Rechtsordnung mit ihrer Betonung der zentralen staatlichen Allmacht und der Verabsolutierung des Privatbesitzes. Damit war schon der Keim gelegt für die Aufgabe der Idee von einem Gottesvolk als einer autonomen Pioniergesellschaft mit eigenständiger, jüdisch-messianisch geprägter Rechtsordnung.

Die jüdischen bzw. von Jerusalem her geprägten Gemeinden dagegen verstanden sich als eine soziale und politische Bewegung innerhalb des Judentums, als so etwas wie eine teilautonome Pioniergesellschaft mit einer Rechtsordnung, die auf den mosaischen Gesetzen aufbaute und in der die Lehren Jesu als Fortschreibung und endgültige Ausformung dieser Rechtsordnung gewissermaßen zum Grundgesetz und zur Verfassung des Gottesvolks ausgebaut wurden. Dies wird deutlich etwa am Aufbau des Evangeliums von Matthäus, das von jüdischem Geist geprägt ist, auch wenn der Verfasser selbst mit großer Wahrscheinlichkeit kein Jude mit hebräischer Muttersprache war[33]. In diesem Buch wird Jesus als neuer Mose dargestellt, und die Hauptsätze Jesu, die zur Bergpredigt zusammengefasst sind, bilden eine Analogie zur mosaischen Gesetzgebung am Sinai oder besser noch als ihre Fortschreibung und endgültige Ausformung.

Die Nähe zu Mose und dessen Nachfolgerschaft wird schon am Namen erkennbar, ist doch die hebräische Grundform des Namens für Jesus und für Josua, dem historischen Nachfolger von Mose, dieselbe, nämlich Jehoschua. Schon mit dem Namen wird also schon von Anfang an die Beziehung zu Mose hergestellt und zu der Aufgabe, die Mission Moses fortzuführen.

Hier geht es ganz eindeutig um eine gesellschaftliche Rechtsordnung für Gottesvolk und Gottesreich im messianischen Zeitalter, also für die Zeit der angebrochenen Gottesherrschaft.

Die paulinische Weichenstellung[34] dagegen führte, von dem Juden Paulus natürlich nicht bewusst beabsichtigt, zur Überwältigung der ursprünglich von jüdisch-herr-

---

33 Das ist daran erkennbar, dass er sowohl Übersetzungsfehlern erliegt (Junge Frau - Jungfrau, Jes. 7,14 - Matth. 1,23) als auch mit Eigenarten der hebräischen Sprache nicht vertraut ist, weshalb Jesus seinem Bericht zufolge beim Einzug in Jerusalem mit zwei Eseln einzieht (Matth. 21,2), während der Bezugstext (Sach. 9,9) lediglich auf typisch hebräischer Weise die Rede von einem Esel wiederholt und damit die Aussage unterstreicht.
34 Diese Weichenstellung muss Paulus zugeschrieben werden, auch wenn sie möglicherweise schon bei den ersten assimilierten nichthebräischen Judenchristen in Antiochien zu beobachten war.

schaftsfreiem Rechtsempfinden geprägten messianischen Bewegung durch römischimperialistische Rechtsvorstellungen. Während die allgemeine politische Gleichschaltung und Unterwerfung mit der konstantinischen Wende im 4. Jahrhundert formell besiegelt wurde, fand die rechtspolitische Unterdrückung erst im 6. Jahrhundert unter Kaiser Justinian ihren Abschluss und zwar durch die Einführung des auf vorchristlichen römischen Rechtsprinzipien aufgebauten CORPUS IURIS CIVILIS. Folgerichtig damit verbunden war das Verbot der Veröffentlichung und Verbreitung des Talmud. Auf diese Weise wurde jüdischem Rechtsempfinden im christlichen Abendland endgültig der Zugang verbaut, und so ist es bis heute geblieben. Der imperialistische römische Caesar hatte damit den jüdischen Messias zum zweiten Mal gekreuzigt. Die zweite Auferstehung hat allerdings zumindest innerhalb der großen Kirchen bis heute nicht stattgefunden.

Unübersehbar aber ist, dass innerhalb des Judentums der Geist, der auch Jesus geprägt hat, weiterwirkte. Die Zerstörung des Tempels führte nicht nur zur Abschaffung des Tempel- und Opferkults, dessen Wurzeln schon bei den Propheten zu beobachten sind, sondern - politisch hoch bedeutsam - zur Abschaffung der zentralen Allmacht der Jerusalemer Priesterherrschaft mit ihrem Heilsmonopol und konsequenterweise zur Dezentralisierung der geistig-geistlichen Autorität mit Synagogen und einer Art jüdischer Hochschulen, die sich an verschiedenen Orten mit Weisen und Gelehrten als Mittelpunkt bildeten. Sie führte auch zu einer verstärkten Ausformung des Rabbinats.

Das Gottesvolk als messianische Alternative 63

Die Rabbinen übernahmen in den Gemeinden bekanntlich nicht nur die Rolle des geistig-geistlichen Führers, wie dies in den christlichen Gemeinden die Pfarrer und Priester tun. Sie waren und sind teilweise auch heute noch Richter und Schlichter in Streitfragen nicht-religiöser Art. Damit wurde an die Tradition angeknüpft, die in der Geschichte mit der Verwirklichung des Königtums durch Samuel, dem letzten großen »Richter«, in den Hintergrund getreten war. Dieses Rechts- und Ordnungssystem gilt für viele, etwa für den 1991 verstorbenen jüdischamerikanischen Schriftsteller Isaak B. Singer, auch heute noch als Ideal, das es in reformierter Form, also ohne Rückfall in ultraorthodoxe geistliche Herrschaft, aufs Neue zu verwirklichen gälte.

Tatsächlich hat das Judentum durch viele Jahrhunderte hindurch auf einzigartige Weise seine national-religiöse Existenz gewahrt ohne nationalstaatliche territoriale Integrität, die etwa durch einen militärischen Machtapparat »geschützt« gewesen wäre, und ohne zentrale Religionsautorität, wie sie etwa der Papst und der Vatikan für die katholische Kirche bis heute darstellen. Hier ist also ein großes Stück »göttlicher Utopie« Wirklichkeit geworden, eine Utopie, deren Bedeutung für die ganze Menschheit erst in unserer Zeit in vollem Umfang deutlich zu werden scheint.

Die jesuanische Politik, wie sie in der Bergpredigt ihren Niederschlag gefunden hat, und wie sie innerhalb der Pioniergesellschaft eines Gottesvolks unter Verzicht auf Macht, Herrschaft und Gewalt Wirklichkeit werden will, geriet in Vergessenheit. Sie wurde nur von gesellschaftlichen Randgruppen aufgenommen, weshalb diese als Stein des Anstoßes häufig genug brutal verfolgt wurden, auch und gerade von den großen Kirchen.

Damit sind wir wieder beim Ausgangspunkt angelangt. Jesuanische Politik unter Verzicht auf die Ausübung von Macht und Herrschaft kann als Träger für ihre Durchsetzung nur auf die Gemeinschaft der Gleichgesinnten bauen und auf die Hoffnung, dass diese Gemeinschaft wächst, sich mit anderen netzartig verbindet und schließlich für die nationalstaatlichen Großgesellschaften zum nachahmenswerten Beispiel wird.

Dieser Weg zur Durchsetzung politischer Ziele beginnt also mit dem Selbstversuch und der Selbstverpflichtung, individuell wie kollektiv. Dabei kann die kollektive Dimension nicht hoch genug bewertet werden. Schließlich geht es vor allem um soziale Probleme und damit um die solidarische Gemeinschaft und Gesellschaft, die irgendwann weltumspannende Dimensionen annehmen muss. Das sind Kollektivaufgaben, die allerdings eine eigenständige, autonome Identität voraussetzen, die mangels entsprechender Bilder nur mit einer »nationalen« verglichen werden kann auch wenn sie transnational ist.

Wie sehr in dieser Frage unsere Vorstellungen verwaschen bleiben, zeigt ein Aufsatz mit dem Titel »Der Mensch im Kursverfall«, den Wolfgang Huber im Herbst 1988 in PUBLIK FORUM veröffentlicht hat. Nach einer düsteren, aber bewundernswert realistischen Bestandsaufnahme schließt er mit dem Satz:

»Wenn wir die Kraft zu einer solchen verantwortlichen Selbstbegrenzung aufbringen, dann könnte sich wirklich eine Wende in die Zukunft vollziehen, die zum neokonservativen Denken der Gegenwart eine wirkliche Alternative darstellt.«

Wen meint Huber mit dem »wir«, wer ist angesprochen? Meint er uns als Bürger der nationalstaatlichen Großgesellschaften der Industrieländer? Falls ja, so sollten er und wir als seine Leser den Mut haben uns einzugestehen, dass seine Schlussbemerkungen nichts weiter sind als ein rhetorischer Appell, von dem jeder realistische Betrachter der Entwicklung weiß, dass er zwar nicht ungehört aber doch folgenlos verhallt. Der politische Reformismus, der sich die von Huber geforderte Solidarität zum Ziel gesetzt hatte, ist so gut wie tot. Die politischen Ziele in Westeuropa für die überschaubare Zukunft heißen Festigung und Stärkung der eigenen Positionen für die wirtschaftlichen Auseinandersetzungen auf dem kommenden europäischen Binnenmarkt, und das bedeutet Beschleunigung des technischen Fortschritts, Förderung des Wirtschaftswachstums und der Akkumulation von Geld- und Kapitalvermögen - all das fast um jeden Preis und mit Sicherheit um den Preis der weiteren Schwächung des sozialen Netzes - man darf sich nur die Arbeitgeberforderungen anhören und was ihnen unsere Wirtschaftsminister für Zusagen machen.

Also wer ist der Adressat für Hubers Appell?

Wir sollten endlich den Mut haben, die politische Blauäugigkeit aufzugeben mit ihrer Hoffnung auf die rasche Reform der nationalen Großgesellschaften als unmittelbare Folge des politischen Bittens und Drängens einer verantwortungsbewussten Minderheit und zu dem biblischen Realismus zurückfinden, wonach zunächst nur »ein Rest umkehrt«. Die »wirkliche Alternative«, von der Huber spricht, ist vorläufig nur in der alternativen Gesellschaft des »Gottesvolks« zu verwirklichen. Aber von dieser Stätte soll nach der biblischen Verheißung das Heil ausgehen. Darauf lasst uns bauen.

Dazu ist es allerdings notwendig, dass die von dem Anruf Berührten sich wirklich als Herausgerufene erkennen und sich bewusst werden, dass diese alternative Gesellschaft als eigenständige, autonome Gesellschaft mit eigener Identität entstehen muss, soll sie zur Pioniergesellschaft mit den beschriebenen Aufgaben heranwachsen. Das ist schon am Beispiel der Wirtschaft deutlich erkennbar. Solange von alternativen Unternehmen erwartet wird, dass sie sich im Wettbewerb der internationalen Wirtschaft nach deren Spielregeln durchzusetzen vermögen, stellt sich für die meisten eine unlösbare Aufgabe. Erst wenn wir zu solidarischen Beziehungen zwischen Verbrauchern und Erzeugern kommen, für die die beiderseitige Rücksichtnahme auf lebenswichtige Interessen des Gegenübers zum Maßstab wird, sind wir auf dem richtigen Weg. Das mag allerdings bedeuten, dass höhere Preise und andere Unannehmlichkeiten in Kauf

Das Gottesvolk als messianische Alternative 67

genommen werden müssen. Es ist schlicht ein Witz zu beanspruchen, dass der Einkauf bei Freunden in der Alternative nicht nur besser und sinnvoller sondern auch noch billiger sein müsse. Meist ist das Gegenteil der Fall. Da wird für viele ihr egoistisch-marktwirtschaftliches Denken mit ihrer Zielsetzung, für die Eigenleistung möglichst hohe Preise zu erzielen und für die Fremdleistung möglichst niedrige Preise zu bezahlen, zur unüberwindlichen Hürde und zum Fallstrick.

Wir müssen lernen, in Sinne einer autonomen Pioniergesellschaft zwischen einer Art »Binnenwirtschaft« innerhalb dieser Pioniergesellschaft und der »Außenwirtschaft« mit anderen Wirtschaftseinheiten zu unterscheiden. Es ist dabei wichtig zu begreifen, dass bei einer zunächst sehr schwachen »Binnenwirtschaft« die Wertschöpfung sei es durch Lohnarbeit oder durch das selbständige Wirtschaften mit Waren und Dienstleistungen vor allem aus der »Außenwirtschaft« kommen muss. Das heißt, die Zahl derer, die in wirtschaftlicher Abhängigkeit »binnenwirtschaftlich« versorgt werden können, bleibt zunächst klein. Sie kann aber in dem Maße wachsen, in dem wir begreifen, dass zwar viele in der »Außenwirtschaft« ihr Einkommen verdienen müssen, möglichst viel davon aber in der »Binnenwirtschaft« ausgegeben werden sollte.

Das ist am Beispiel der nicht assimilierten Juden im Exil der vergangenen Jahrhunderte am besten zu verstehen. Sie haben sich nicht nur gegenseitig vielerlei soziale Absicherung und Unterstützung gewährt, sie haben sich darüber hinaus im Wirtschaftsleben gegenseitig geholfen und unterstützt. Die Außenwirtschaft mit den Nicht-Juden dagegen war für sie in erster Linie Einkommens und Verdienstquelle, auch zur wirtschaftlichen Stärkung der Gemeinschaft. Natürlich hat es bei dieser Denk- und Handlungsweise Auswüchse gegeben. Solange aber der Eigennutz nicht zum Selbstzweck verkommt und das Ziel nicht aus den Augen verloren wird, das Gottesvolk als eine Pioniergesellschaft auch wirtschaftlich lebensfähig zu machen, verbunden mit Fairness und Offenheit der Allgemeinheit gegenüber, das Anliegen und die Ziele ebenso betreffend wie die konkreten Zahlen der »Wirtschafts- und Sozialpolitik«, solange ist dieser Weg gut und richtig.

Wenn aber, wie dies aus Wolfgang Hubers Bericht zu verstehen ist (vielleicht hat er es anders gemeint), Christenheit und Nationalgesellschaften fast deckungsgleiche Größen mit - politisch betrachtet - allenfalls verwaschenen Grenzlinien sind, bleiben solche Aufrufe hilflos, ja lähmend. Denn wer soll ums Himmels willen die Kraft haben, in dem schwerfälligen Koloss der nationalen Großgesellschaft die beschriebene Wende zu erreichen, umso mehr als Politik und Wirtschaft in dieser Großgesellschaft eher der Denkweise und den Gesetzen der Caesaren gehorchen als denen des Messias?

Nehmen wir nur das Beispiel von Norbert Blüm, der in seiner Zeit als Chef der christlichen Sozialausschüsse mitverantwortlich war für die Entwicklung und Ausarbeitung lobenswerter sozialer Vorhaben, und der für vielerlei soziale Erneuerung nicht nur offen war, sondern auch zu ihrem beredten Vertreter wurde. Was ist aus ihm geworden?

Wer von uns könnte behaupten, dass es ihm in ähnlicher Situation nicht ebenso ergehen würde? Ich befürchte, dass das Neue, das Erstrebenswerte da »oben« nicht regierungsamtliche Gesetzeskraft erringen kann, wenn es zuvor nicht »unten« in ausreichendem Umfang greifbare Wirklichkeit geworden ist. Die Erfahrungen der jüngeren Vergangenheit beweisen es immer wieder.

Wenn ich daran denke, wie noch vor wenigen Jahren die Bemühungen aufgeschlossener Minderheiten um Umweltschutz und umweltgerechtes Leben und Handeln von den Machteliten auf allen Ebenen beschimpft und der Lächerlichkeit preisgegeben wurden und wofür dieselben Eliten als Teil ihrer Politik heute eintreten, dann beweist das einmal mehr die Richtigkeit dieser Einsicht.

Was für die Frage des Umweltschutzes gilt, ist gleichermaßen auf die Wirtschaft und alle anderen Fragen des gesellschaftlichen Zusammenlebens anzuwenden, auch wenn dabei die Herausforderungen so komplex und schwierig sind, dass vielfach die Wirklichkeit einer Pioniergesellschaft als eines transnationalen Netzes weitgehend autonomer Gemeinschaften und Gemeinden unverzichtbar ist und nicht länger einzelne allein durch ihr verantwortliches Handeln die Grundlagen für die Veränderung legen können. Dafür liefert nicht nur die Bibel die nötigen Leitlinien. Wir können auch außerhalb der Bibel viel lernen, z. B. in den nicht-weißen technisch unterentwickelten Kulturen, in denen der Prozess der Individualisierung nicht wie in der westlichen Welt alles Denken und Handeln in gemeinschaftlichen Strukturen zerstört hat. Dabei geht es nicht darum, das eine zugunsten des anderen aufzugeben sondern beides miteinander auf optimale Weise zu verbinden und zu versuchen, aus dem scheinbaren Gegensatzpaar »Freiheit und Geborgenheit« heraus dem Freiheitsdrang des Individuums ebenso Raum zu geben wie seiner Sehnsucht nach Geborgenheit in der Gemeinschaft und so zu einem Wirtschaftssystem zu kommen, das gleichermaßen »Konkurrenz und Kooperation« ermöglicht.

Besonders einleuchtend scheint das Konzept von einem Messias in der jesuanischen Interpretation und von einem dieser Interpretation entsprechenden Gottesvolk im Lichte der Hypothese der Formgebungsursachen, die der englische Biologe Rupert Sheldrake entwickelt hat. Bei dieser Theorie spielen »morphische« bzw. «morphogenetische Felder« aller Formen vom Kristall bis zu der Verhaltensweise des Menschen eine entscheidende Rolle. Wie der Titel seines neuesten Buchs schon sagt[35], stellen sie eine Art Gedächtnis der Natur dar. Sheldrake schreibt: »Diese kollektive Erinnerung ist von kumulativem Charakter, wird also durch Wiederholung immer weiter ausgeprägt, so dass wir sagen können, die Natur oder Eigenart der Dinge sei Ergebnis eines Habitualisierungsprozesses, also Gewohnheit Und da die Erinnerung nicht nur kollektiv sondern auch kumulativ ist, soll-

---

35 Rupert Sheldrake, Das Gedächtnis der Natur, München, 1989

te sich beim Erlernen ganz neuer Fertigkeiten darüber hinaus zeigen, dass sie umso leichter erlernt werden, je mehr Individuen damit vertraut sind.«

Umgekehrt bedeutet dies - und das ist der entscheidende Punkt der Theorie Sheldrakes für unser Anliegen - dass das Erlernen und Ausüben etwa einer völlig neuen Verhaltensweise für den Menschen einen außerordentlich schmerzlichen und mühseligen Neuanfang darstellt, weil dafür ein »morphisches Feld« erst entstehen muss - wenn auch aus »einer latenten Möglichkeit« (Sheldrake) heraus. Das ist nichts anderes als der in der Bibel beschriebene Prozess der Inkarnation, den die Übersetzung Martin Luthers zu Beginn des Johannes-Evangeliums besonders deutlich macht: »Das Wort ward Fleisch und wohnte unter uns«[36]. Dieser Inkarnationsprozess umfaßt nicht nur die Menschwerdung Gottes in Jesus, sondern den ganzen Schöpfungsprozess und schreitet fort vom Physischen zum Psychischen. Er erfasst auch die menschliche Verhaltensweise und will diese verändern nicht mit Macht, Zwang und Gewalt sondern durch eine dem Menschen innewohnende Sehnsucht nach Erfüllung der »latenten Möglichkeiten«, die zur entscheidenden Triebkraft wird. Dabei wird der eigenständige Beitrag des Menschen als Antwort auf diese Sehnsucht unverzichtbar.

Nach Sheldrake werden die Wiederholungen der Pionierleistungen fortschreitend leichter, weil ihr morphisches Feld immer kräftiger wird.

36 Johannes 1, 14

Um die Theorie trotz aller Kürze noch verständlicher zu machen, sei nochmals Rupert Sheldrake aus dem erwähnten Buch zitiert:

»Morphische Felder sind, wie die bekannten Felder der Physik, nicht-materielle Kraftzonen, die sich im Raum ausbreiten und in der Zeit andauern.... Sie sind potentielle Organisationsmuster.... Den Prozess, durch den Vergangenheit innerhalb eines morphischen Feldes zur Gegenwart wird, nenne ich morphische Resonanz.«

Es ist natürlich nicht möglich, den Inhalt dieser komplexen Theorie hier umfassend zu beschreiben oder gar die Fülle des Beweismaterials dafür und die Zweifel daran hier darzustellen. Wichtig erscheint in unserem Zusammenhang lediglich die Tatsache, dass ganz offensichtlich der schöpferischen Pionierleistung und ihrer Wiederholung ganz außerordentliche Bedeutung, tatsächlich die der entscheidenden Schlüsselrolle, zukommt. Ohne Macht, Zwang und Gewalt schafft sie neue Formen und neue Normen, die die weitere Wiederholung bis hin zur allgemeinen Selbstverständlichkeit immer mehr erleichtern, so dass schließlich auch die großartigen prophetischen Visionen, etwa die nach Jesaja 2 und Micha 4, Wirklichkeit zu werden vermögen. Das heißt, dass sich die irdische Wirklichkeit den »göttlichen Utopien«, also den latenten Möglichkeiten, immer mehr anzunähern vermag.

In die gleiche Richtung verweisen US-amerikanische Untersuchungen über den Prozess der Durchsetzung von

Das Gottesvolk als messianische Alternative 73

sozialen Innovationen. Es heißt dort, dass 5% der Bevölkerung genügen, um eine Idee fest zu verwurzeln (»embedded« heißt der Ausdruck im Amerikanischen). Hat die Idee erst einmal 20% der Bevölkerung erfaßt, so wird sie unaufhaltsam (»unstoppable«). Allerdings ist offen, wie lange diese beiden Schritte dauern. Jedenfalls braucht es aber nicht von vornherein die Mehrheit, auf die wir mit unserer machtpolitischen Prägung starren wie das Kaninchen auf die Schlange. Alles andere scheint den meisten von uns nicht der Mühe wert zu sein.

Vielleicht begreifen wir endlich, wie modern, zukunftsweisend, unverzichtbar und vor allem heilsam das Konzept vom Gottesvolk als einer Pioniergesellschaft für die ganze Menschheit tatsächlich ist.

Verantwortlich leben und handeln

Die Jahrestagung des Deutschen Zweigs des Internationalen Versöhnungsbundes im Jahr 1986 war im Gegensatz zum offiziellen Programm geprägt von der nur wenige Tage zurückliegenden Katastrophe von Tschernobyl. Neben aufkommender Verzweiflung und Ratlosigkeit war ein großes Bedürfnis spürbar, die Verantwortlichen in Politik und Wirtschaft, die dabei waren, im Mantel des Schweigens und der Verharmlosung mit einem Achselzucken zur Tagesordnung überzugehen, durch geeignete Aktionen aufzurütteln und sie zu veranlassen, ernsthafte Konsequenzen aus der Katastrophe zu ziehen. Da sollten den Politikern und Atomkraftwerkbetreibern Pakete mit verfaultem Gemüse geschickt werden, und Militantere wehrten sich gegen die Versuchung, mit gröberen Mitteln Widerstand zu leisten und auch einmal einen Strommasten umzulegen.

Jahre später müssen wir uns fragen: Was ist geblieben - bei uns und bei den Verantwortlichen?

Bei ernsthafter Betrachtung der Situation damals und heute und all der damit verbundenen Aktionen und Aktivitäten fällt auf, dass es weitgehend an einem ganzheitlichen Konzept der Veränderung der Gesellschaft mit uns selbst als den primären Zielen der Veränderung gefehlt hat und auch heute noch fehlt.

Mir scheint, der lange Atem und die Ausdauer, die wir zur Veränderung der Gesellschaft brauchen, werden uns immer dann ausgehen, wenn wir vor allen Dingen auf die Veränderung der Außenwelt abzielen. Die nötige Standfestigkeit wächst uns eher zu, wenn unsere Vorstellung vom notwendigen Wandel umfassend ist. Um das zu sein, muss sie der Messianität Jesu entsprechen, die sowohl einen inneren, religiös-spirituellen Aspekt - nämlich den hohepriesterlichen - als auch einen äußeren, politischen Aspekt hatte - nämlich den königlichen. Wie dies schon bei Jesus deutlich wurde, geht es immer um ein Innen und um ein Außen und das idealerweise gleichzeitig.

Dieses Innen und Außen gilt aber nicht nur für den einzelnen Menschen und seine Innen- und Außenwelt. In immer größer werdenden Kreisen gilt es gleichermaßen auch für jede Form menschlicher Gemeinschaft, z. B. die Ehe, die Familie, die Gruppe bis hin zur großen Gesellschaft und schließlich zur Menschheit und zur ganzen Schöpfung.

Entscheidend wichtig ist neben dem Einzelnen als dem Ausgangspunkt der Veränderung die Gruppe oder, besser gesagt, die verbindliche solidarische Gemeinschaft, die in Vernetzung mit anderen zum wesentlichen Baustein des »Gottesvolks« moderner Prägung zu werden vermag.

Veränderung ist also vorrangig nicht bei den anderen und »oben« zu erstreben sondern bei sich selbst und im engeren Solidarverband entsprechend der Einsicht Martin Bubers: »Der archimedische Punkt für die Veränderung der Welt ist die Veränderung seiner selbst.«

Ja, wenn das Ziel des Lebens vor allem darin besteht, dass der Mensch den Sinn seiner Existenz zu erfahren und seiner Bestimmung entsprechend zu leben versucht, dann ist es für den damit verbundenen Wandel und Reifeprozess entscheidend wichtig, dass er allein und im Verbund mit mehr oder weniger Gleichgesinnten lernt und übt, verantwortlich zu denken und zu handeln. Wenn es um den Menschen selbst und seinen Werdegang geht, ist es hinderlich und nicht förderlich, Verantwortung nach »oben« abzuschieben und dadurch Verantwortungslosigkeit und Anspruchsdenken zu fördern. Der Mensch bleibt dann ein Untertan und ein Abhängiger und geht seiner Würde, seinem Reifungsweg und seiner Gottebenbildlichkeit verlustig.

Jedes Ich hat ein Innen und ein Außen. Das Innen entspricht der Seele und dem Geist, das Außen dem Körper. Das Innen hängt an der Nabelschnur zum Transpersonalen, zum Transzendenten, zum Göttlichen, so wie das Ich vom kleinen Kopf-Ich bis in die Tiefe des Wesens reicht. Innen und Außen stehen aber auch für die uralten Begriffspaare »beten und arbeiten« sowie »Glaube und Werke«, ebenso für die Grundbegriffe der partizipativen Managementlehre »Kohäsion und Lokomotion«. Dabei steht »Kohäsion« für alle Bemühungen um inneren Zusammenhalt und »Lokomotion« für alle zielgerichtete Außenaktivität. Beide Aspekte sind gleichermaßen gültig und wichtig für die Einzelperson wie auch für jede Gruppe.

Die partizipative Managementlehre weist darauf hin, dass beiden Schwerpunkten gleiche Aufmerksamkeit geschenkt werden muss. Wo die Kohäsion vernachlässigt wird, also alle Energie in die Lokomotion fließt, kommt es relativ rasch zur Desintegration, zum Auseinanderbrechen. In der Blütezeit der Friedensbewegung gab es viele Beispiele für eine solche Fehlhaltung. Die Überbetonung der Kohäsion ist genauso schädlich. Die Bewegung erstarrt und verkommt zum Stammtisch und zum Kaffeekränzchen. Alles dreht sich um sich selbst.

In gleicher Weise wie »Kohäsion und Lokomotion« gelten auch die übrigen Begriffspaare für jedes Wir ebenso wie für das Ich. Bekanntlich gibt es so etwas wie eine Gruppenseele und einen Gruppengeist. »Teamgeist« ist ein gängiger Begriff dafür. Dieses gemeinsame Innen manifestiert sich auch als gemeinsames Außen und sei dies auch zeitlich befristet, etwa für die Dauer der Teilnahme an irgendeiner Veranstaltung. Das gemeinsame Außen, die äußere Identität, wird ganz besonders deutlich erkennbar, wenn es zur Uniformierung kommt, nicht nur im Sport und beim Militär sondern auch beispielsweise bei jugendlichen Banden, bei Fußballfans, bei Rockern und dergleichen.

Hugh J. Schonfield[37] schreibt, die primitivste Form der Gruppen- und Gemeinschaftsbildung vollzieht sich durch die Festlegung von Gegnern und Feinden. Wenn dies angesichts der Entwicklung in Osteuropa auf der militärischen Ebene in Europa immer schwerer fällt, so ist es auf wirtschaftlicher Ebene umso deutlicher erkennbar, wo die Konkurrenz, die einem idiotischen Schlagwort zufolge nie schläft, immer als Feindbild herhalten muss, um alles Mögliche und Unmögliche zu rechtfertigen. Der mehr und mehr aufbrechende Fremdenhass verfolgt ähnliche Zwecken.

Einen neutralen Ansatz findet C. G. Jung, der vom gemeinsamen Mythos, etwa einer religiösen Überzeugung, als Grundlage für die Gruppenbildung spricht. Ein solcher Mythos kann, wenn er auf einer hohen Stufe steht, ohne Gegner und Feindbilder auskommen. Allerdings kommen selbst die Religionen in ihrer tagtäglichen Wirklichkeit selten oder kaum ohne dieses primitive Hilfsmittel aus. Ja, sogar der Satz »Und erlöse uns von dem Bösen« aus dem Vaterunser ist für ein oberflächliches Christentum Alibi für einen primitiven Dualismus, der es erleichtert, den oder das Andersartige als Inkarnation des Bösen festzumachen und notfalls mit allen Mitteln zu bekämpfen.

Wirkliches Leben und eine gesunde Entwicklung manifestiert sich durch ein ausgewogenes Spannungsfeld in

---

37 englischer Historiker jüdischer Herkunft, der vor allem durch seine Bücher über die Anfänge des Christentums im englischem Sprachraum bekannt geworden ist.

den beiden beschriebenen Polaritäten, also zwischen den beiden Polpaaren Ich und Du einerseits und Innen und Außen andererseits. Damit verbunden ist ein Hin- und Herschwingen der jeweiligen Prioritäten, vom Ich zum Du, vom Innen zum Außen und umgekehrt.

Wenn wir mit dieser Einsicht unsere vergangenen Aktionen und Aktivitäten bewerten, so fällt uns auf, dass diese zumeist die Veränderung der Anderen, also des Du, und die Veränderung des Äußeren, z. B. Abrüstung, zum Ziele hatten. dass aber, um bei dem Beispiel zu bleiben, die äußere Abrüstung eine innere Abrüstung, zunächst bei uns selbst, voraussetzt, und dass jeder Verseuchung und Zerstörung der Außenwelt eine Verseuchung und Zerstörung der Innenwelt entspricht, wurde und wird häufig genug übersehen.

Jede Aktivität muss nicht nur bei mir selbst beginnen. Sie muss als ihren Schwerpunkt und ihr wirkliches Aktionsfeld immer wieder die Veränderung meiner selbst sehen. Dieser Ansatz wird umso wichtiger, je mehr wir einsehen, dass jeder Mensch, der mir begegnet, mir gewissermaßen einen Spiegel vorhält. Wenn ich mich über ihn und seine Handlungsweise aufrege, so ärgere ich mich zumeist über eigene schmerzliche Erfahrungen und eigene weniger erfreuliche Wesenszüge. Diese Einsicht sollte mich vor allem veranlassen, den Ursachen in mir selbst nachzugehen und von diesem Schwerpunkt her das Gespräch mit dem anderen zu suchen und zu führen.

Soweit diese Kritik zutrifft, ist es nicht weiter verwunderlich, dass diese Bemühungen vielfach im Sande verlaufen sind. Für eine in diesem Sinne ganzheitliche Betrachtungs- und Vorgehensweise mögen zwei Beispiele stehen:

Das Schweigen für den Frieden am späten Nachmittag eines jeden Freitags. Bedauerlicherweise ist es in den meisten Orten eingeschlafen. Wohl vor allem, weil wir uns der ganzheitlichen Bedeutung dieser Aktion und auch der psychohygienischen Bedeutung der Ausdauer und einer stetigen zeitlichen Ordnung nicht bewusst sind. Das Schweigen für den Frieden ist nämlich so etwas wie eine an einem zeitlichen Fixpunkt verankerte und damit regelmäßig wiederkehrende demonstrative Meditation oder eine meditative Demonstration oder besser noch eine mahnende Meditation. Sie zielt sowohl auf Innenwirkung als auch auf Außenwirkung ab und zwar sowohl bei denen, die schweigend dastehen als auch bei denen, die sie da stehen sehen.

Das zweite Beispiel ist ähnlicher Natur:

Auf der eingangs erwähnten Jahrestagung des Versöhnungsbundes wurde als Reaktion auf die Tschernobyl-Katastrophe auch die Einführung und Einhaltung einer »Strompause« durch Abschalten der Stromverbraucher in unserer Wohnung am Freitagabend, etwa zwischen 20 und 21 Uhr, vorgeschlagen. Im Gegensatz zu spektakulären, demonstrativen Aktionen, die nicht auf Dauer durchzuhalten sind, ist dies ein stiller demonstrativer

Akt, der nur die beeinflusst, die ihn praktizieren, und die, die auf Einladung oder zufällig zur richtigen Zeit in die Wohnung kommen.

Beide Aktionsformen zielen, bezogen auf unser oben skizziertes Beziehungsgeflecht, in alle vier Richtungen also zum einen nach innen und nach außen, zum anderen auf das Ich und auf das Du. Sie haben dadurch eher Aussicht auf Dauer und auf tiefgreifenden Wandel, wenn auch in winzigen Schritten. Sie gleichen deshalb dem Wasser, das bekanntlich tropfenweise sogar den Stein aushöhlt.

Die beiden Polaritäten zwischen dem Innen und dem Außen einerseits und zwischen dem Ich und dem Du andererseits werden überlagert durch die Polarität zwischen Recht und Unrecht, Gut und Böse, Heil und Unheil. Dabei lassen sich für ein verantwortungsvolles Leben folgende Grundbegriffe und unsere wünschenswerte Reaktion darauf vorstellen:

Das Rechte, das Gute und das Heilsame sollten wir lernen, leben, lieben und (wachsen) lassen. Das Unrechte, das Böse und das Unheil dagegen gilt es aufzudecken, anzuschauen, anzusprechen und anzunehmen.

Den vier »L« auf der positiven Seite stehen vier »A« auf der negativen Seite gegenüber. Sie entsprechen sich - mehr oder weniger - jeweils paarweise.

Das klingt zunächst verdächtig nach den Eselsbrücken eines Oberlehrers mit erhobenem Zeigefinger. Wenn wir aber das Leben des Einzelnen und der engeren Solidargemeinschaft begreifen als einen Lern-, Übungs- und Reifungsprozess, dann gewinnen solche Hilfen ihre Bedeutung.

So wie es darum geht, das Rechte zu lernen, so »notwendig« ist es, das Unrecht aufzudecken, es sich wirklich bewußt zu machen. Der Lernprozess auf dieser Ebene befruchtet beides. Im selben Maße, wie ich erfahre, was Unrecht ist, z. B. in unserer Wirtschaft und im Umgang mit dem Geld, lerne ich fast gleichzeitig, was recht ist, und umgekehrt.

Ist das Unrecht erst einmal aufgedeckt, dann ist es wichtig, es sich anzuschauen, der Wirklichkeit, und sei sie noch so grässlich, standzuhalten. Weder die Flucht vor der Wirklichkeit noch deren Verdrängung löst Probleme – weder meine eigenen noch die der anderen oder der Gesellschaft insgesamt. Das ist sehr schwer, weil sich dabei die Pforten der Hölle auftun und uns die Augen öffnen für Auschwitz und Hiroshima, für die erbarmungslose Wettbewerbsgesellschaft, für die mörderische Ausplünderung der technisch unterentwickelten Länder, aber auch für die tieferen Schichten der Seele – der eigenen wie der fremden – in denen all unsere Größe und Gemeinheit wurzeln. Auszuhalten ist das nur, wenn der Gegenpol, wenigstens im Kleinen gemeinsam positiv und solidarisch zu leben, nicht zu kurz kommt, wenn wir versuchen, in und mit unserem eigenen Leben Recht und

Gerechtigkeit zur Inkarnation zu verhelfen. Dies wiederum setzt voraus, dass die spirituellen Tiefen des Innen sowohl auf der Ebene der individuellen Person als auch auf der nächst höheren Ebene, der engeren Gemeinschaft, als Kraftquelle erschlossen und genutzt werden.

Auf dieser Ebene geht es darum, der Wahrheit zu dienen, die unheilvolle Wirklichkeit anzuschauen, sie wahrzunehmen und mit dem eigenen Leben individuell und gemeinschaftlich der heilsamen Alternative eine Stätte zu bereiten.

Die unheilvolle Wirklichkeit zunächst einmal als solche anzu nehmen, fällt nicht weniger schwer - ob bei mir oder bei anderen. Wie wir aus der Psychologie wissen, führt uns der Abwehrkampf immer nur tiefer in die Verstrickung. Liebe ist das Geheimrezept, Liebe zu sich selbst und zu den anderen.

Aber diese Liebe bedeutet nicht, über alles den Mantel des Schweigens zu hüllen. Das deckt nur zu und heilt nicht. Das Unheil wuchert weiter. Max Frisch schreibt dazu:[38]

»Man schweigt und kommt sich christlich vor, indem man sein eigenes Erbarmen genießt, eine Art von Erbarmen, das nichts verändert; der bloße Verzicht, sich in das Wagnis eines Urteils einzulassen, ist ja noch keine Gerechtigkeit, geschweige denn Güte oder sogar Liebe.

---

[38] aus Tagebuch 1946-49, Suhrkamp, Frankfurt

Er ist einfach unverbindlich, weiter nichts. Nun ist aber gerade die Unverbindlichkeit, das Schweigen zu einer Untat, die man weiß, wahrscheinlich die allergemeinste Art unserer Mitschuld«.

Die Bibel ist ähnlicher Meinung. Im 33. Kapitel des Buchs Hesekiel/Ezechiel heißt es:

»Wenn ich dir ankündige, dass ein bestimmter Mensch wegen seiner schlimmen Taten sterben muss, dann bist du dafür verantwortlich, dass er gewarnt wird. Versäumst du das, so wird er zwar sterben, wie er es verdient; aber dich ziehe ich dafür zur Rechenschaft wie für einen Mord.«

Dies bedeutet nicht, dass wir uns alle die Rolle von Propheten mit göttlichem Auftrag anmaßen sollten, aber die Pflicht zum kritischen Dialog, der auch die eigenen Überzeugungen in Frage stellen lässt, ist unabweisbar, weil in der Warnung die Möglichkeit der Rettung liegt. Die Geschichte von Jona macht dies für Ninive in positiver Weise deutlich, während die Warnung Jesu ungehört verhallte, weshalb die Geschichte für Jerusalem und ganz Israel zunächst einmal negativ, nämlich mit der Vernichtung endete. Dasselbe gilt im übrigen auch für Warnung Jesu und was im Christentum daraus gemacht wurde.

Es gilt also, den Dialog mit dem Unheil aller schmerz- und leidvollen Spannung zum Trotz aufzunehmen, und sich mit diesem auseinander zu setzen. Das kann ein langer Prozess sein und erfolglos dazu. Mit dieser Möglichkeit muss gerechnet werden.

Schließlich können wir nicht erwarten, dass aus einem Generalsekretär der NATO über Nacht ein Mahatma Gandhi wird. Die Tragik solcher kurzfristig und vordergründig unlösbaren Situationen gilt es auszuhalten. Wir müssen einsehen, dass das Wesentliche, das Entscheidende nicht machbar ist sondern wachsen muss. Ohne großen seelischen Schaden ist diese Einsicht nur zu verkraften durch Gelassenheit, die letztlich aus der Liebe erwächst. Hanspeter Padrutt schreibt zu den Zeilen

> Und er läßt es gehen,
> Alles, wie es will...

aus dem Lied vom Leiermann des Liederzyklus »Die Winterreise[39] von einer Revolution vom Wollen zum Lassen,« vom eigenmächtigen Wollen zur Gelassenheit, die kein gleichgültiges Laissez- Faire ist sondern ein liebevolles Laissez-Etre[40]. Vom Wollen des Willens zur Macht zu einem Lassen, das jenseits von Aktivität und Passivität, jenseits von einem gewaltsamen Beherrschen wie von einem kraftlosen Treibenlassen der Dinge liegt«.

So wie Gott über Gerechte und Ungerechte die Sonne aufgehen und auch regnen lässt, so müssen wir solchen Situationen in lebendiger Spannung gelassen standhalten, auch wenn das leichter gesagt als getan ist. Die Ge-

---

[39] Padrutt, Der epochale Winter, Zürich, 1984
[40] das läßt sich am ehesten so übersetzen: Von einem Machen und Treiben Lassen zu einem Sein und Wachsen Lassen.

fahr, dass die Spannung zu sehr ansteigt und sich in einem Kurzschluss, sprich Aktionen des Zwangs und der Gewalt, entlädt, ist ebenso groß wie die Versuchung, den Dialog abzubrechen und den oder die jeweils anderen zu verteufeln, also zum Sündenbock zu machen, und auf diese Weise selbst einem primitiven Dualismus zu verfallen. Der dritte Irrweg läge in dem Versuch, den »unbelehrbaren« Anderen vom Du zum Es herabzuwürdigen und ihn auf dem Wege der Macht von einem eigenständigen Subjekt zu einem manipulierbaren Objekt zu reduzieren. Weitere Formen der Verirrung wären die Flucht in die hilflose Resignation oder gar die Überwältigung durch Verzweiflung und Depression.

Wir belügen uns selbst mit der Feststellung »Hie gut - dort böse«, gleichgültig auf welcher Ebene wir das auch immer tun, ob auf der untersten Ebene des Ich und Du oder auf einer höheren Ebene, etwa mit dem Westen als Wir und dem Osten oder dem Süden als den Anderen. Jeder von uns lebt selbst gewissermaßen in einer Vermischung von Unrecht und Recht, von Unheil und Heil. Die Grenze verläuft also nicht zwischen dem Ich und dem Wir einerseits und irgendwelchen Anderen andererseits. Sie verläuft quer durch uns alle. Ja, sie ist letztlich gar keine Grenze sondern ein Ineinanderfließen der verschiedensten Schattierungen, die miteinander koexistieren. Auch das gilt es anzunehmen und auszuhalten.

Wenn wir die historische Entwicklung betrachten, dann wird erkennbar, dass der Mensch fortschreitend gelernt hat, seine Kreise, in denen er ohne Feinde im militärischen Sinne auskommt, immer weiter zu ziehen. In historischen Dimensionen ist es noch nicht lange her, seit die Freien Reichsstädte Rottweil und Villingen Krieg gegeneinander geführt haben, und Frankreich als »Erbfeind« ist noch für viele lebende Zeitzeugen grausige, aber spürbare Erinnerung. Heute haben selbst unsere »Falken« Mühe, die Sowjetunion als das Reich des Bösen zu apostrophieren, und es wird für sie immer schwieriger. Um an ihrem Feinddenken fest- halten zu können, lenken sie ihre Blickrichtung immer stärker nach Süden, wie der Golfkrieg auf schreckliche Weise deutlich machte. Aber diese Verhaltensweise ist einer kritischer werdenden Öffentlichkeit immer schwieriger zu vermitteln. Eine positive Entwicklung ist also erfreulicherweise erkennbar. Ihr Ziel ist es, über die Vorstellung von Gegnerschaft und Feindschaft hinauszuwachsen und Mensch und Natur als eine große Gemeinschaft zu erkennen. Dabei werden die Gegensätze nicht aufgehoben. Wir werden vielmehr lernen, mit ihnen zu leben, auch wenn die daraus resultierenden Spannungen schmerzvoll sein sollten. Bei Jesaja heißt es dazu in visionärer Formulierung:

> Dann gastet der Wolf beim Lamm,
> der Pardel lagert beim Böcklein,
> Kalb und Jungleu mästen sich vereint,
> ein kleiner Knabe treibt sie einher,
> Kuh und Bärin sind Weidegenossen,
> ihr Jungen lagern mitsammen,
> der Löwe frißt Stroh wie ein Rind.

Freiheit und Geborgenheit

Über neue Sozialstrukturen

Die Industrialisierung der zurückliegenden zwei Jahrhunderte hat auch im sozialen Bereich gewaltige Veränderungen mit sich gebracht. Die überkommenen Strukturen sind immer mehr in die Brüche gegangen. Die Großfamilie der früheren Agrargesellschaft hat sich aufgelöst. Heute ist sogar die Kleinfamilie zu einem Verbund auf Zeit geworden. Nicht nur die Scheidungsrate ist dramatisch gestiegen, auch die Zahl der sogenannten »Singles«, also der allein lebenden Menschen, hat sich drastisch erhöht. Selbst in meinem ländlichen Heimatort ist sie zwischen den beiden letzten Volkszählungen um über 60% gewachsen. Die Scheidungsrate zeigt ebenso wie die wachsende Zahl von Alleinerziehenden, dass selbst für Kinder die Familie nicht mehr die selbstverständliche soziale Grundstruktur ist. Die Entwicklung zeigt eine fortschreitende Atomisierung der Gesellschaft, in der der Einzelne, zwar wirtschaftlich gegen alle Fährnisse abgesichert aber ohne die Geborgenheit menschlicher Gemeinschaft, zunehmend vereinzelt und vereinsamt.

Die in Deutschland durch Bismarck eingeleitete Sozialgesetzgebung hat dieser Entwicklung nach Jahrzehnten großer Leiden für die Arbeiterschichten die größte finanzielle Härte genommen. Sie hat aber auch die soziale Zersplitterung gefördert. Während früher fast jedermann auf die Familie, die Sippe, den Clan auch wirtschaftlich angewiesen und damit davon abhängig war, hat die finanzielle Absicherung durch die Pflichtversicherungen die größten Risiken bei Krankheit und Alter aufgelöst und die Menschen finanziell weitgehend unabhängig gemacht. Während früher wirtschaftliche Sicherheit und Geborgenheit um den Preis der Unterwerfung unter die Zwänge meist patriarchalisch geführter Familienstrukturen zu finden waren, ist die finanzielle Unabhängigkeit davon heute für die meisten selbstverständlich.

In der Industrie, aber auch in der Wirtschaftspolitik, wird diese Entwicklung nicht ungern gesehen. Im Gegenteil. Der mobile Einzelmensch, jung, »dynamisch« und zur Hochleistung fähig, wird gesucht, gefordert und gefördert. Er stellt das gesellschaftliche Idealbild dar, das uns in der Werbung allenthalben vor Augen geführt wird. Die damit fast zwangsläufig verbundenen sozialen und psychischen Probleme werden häufig genug übersehen. Jedenfalls spielen sie in unserem politischen Denken nur eine untergeordnete Rolle, für die in der Regel eine Art Reparatursystem ausreichend zu sein scheint. Jahrzehntelang wurde geglaubt, diese Probleme vor allem durch Professionalisierung und Spezialisierung lösen zu können. Die wachsende Zahl und Vielzahl von Sozialberufen und sozialen Einrichtungen legen dafür Zeugnis ab.

In zunehmendem Maße dämmert aber die Einsicht auf, dass auf diesem Weg zwei große Defizite bleiben.

Zum einen lässt sich die Professionalisierung aller erforderlichen Sozialleistungen nicht bezahlen, wobei es nebensächlich ist, ob diese durch öffentliche Einrichtungen, wie etwa kommunale Krankenhäuser und Altenpflegeheime, oder auf privatwirtschaftlicher Grundlage erbracht werden. Wenn heute ein Platz in einem Altenpflegeheim trotz unterbesetztem und schlecht bezahltem Pflegedienst monatlich 3000 Mark und mehr kostet, dann wird klar, dass unmöglich alle alten, pflegebedürftigen Menschen diesen Weg gehen können. Sie haben weder selbst genug Geld dafür, noch ist die Gesellschaft bereit, in den öffentlichen Haushalten die nötigen Mittel dafür bereitzustellen. Der Zeitpunkt ist abzusehen, wo den Kommunen das Geld für ihren wachsenden Sozialetat nicht mehr ausreicht. Diese Problematik wird auch durch eine Pflegeversicherung, so notwendig diese ist, nicht grundsätzlich gelöst werden können.

Zum anderen wird erkennbar, dass professionelle Versorgung und finanzielle Sicherheit zwar unverzichtbar sind, aber den psychischen und emotionalen Bedürfnissen des Menschen nach Zuwendung, Liebe und Geborgenheit in vertrauten Strukturen zumeist nur sehr unzureichend gerecht zu werden vermögen. Das scheint schon ein Problem der Zahlenverhältnisse zu sein. Ein physisch und/oder psychisch »Hilfsbedürftiger« findet innerhalb einer Gruppe von »Helfern« in allen seinen Bedürfnissen eher Erfüllung als beim umgekehrten Verhältnis mit vielen »Hilfsbedürftigen« und relativ wenig »Helfern« auch wenn die einen »Laien« und die anderen »Professionelle« sind. Darüber hinaus wird es dem »Hilfsbedürftigen« in einer relativ »gesunden« Umwelt eher deutlich, dass er die entscheidenden Schritte auf seinem Heilsweg letztlich selbst machen muss.

Das umgekehrte, letztlich für beide Seiten ungesunde Zahlenverhältnis bleibt ein wesentliches Grundelement in fast allen voll-professionellen sozialen Einrichtungen, wenn die Kosten nicht ins Uferlose explodieren sollen, von den Grenzen der Belastbarkeit in den Pflegeberufen ganz zu schweigen. Die Tendenz des heutigen Menschen, sich privat den natürlichen sozialen Verpflichtungen gegenüber hilfsbedürftigen Angehörigen möglichst weitgehend zu entziehen, schlägt irgendwann auf ihn selbst zurück: Er wird selbst im Stich gelassen, wenn auch er Hilfe bräuchte.

Ich kenne eine Familie mit einem bäuerlichen Nebenerwerbsbetrieb, in dem ein geistig behinderter erwachsener Sohn arbeitet. Er findet dort Sinn und Erfüllung und wird dabei von seinen Familienmitgliedern auf freundlich-liebevolle Weise geführt und begleitet. muss Haus und Hof nach dem Tod des Vaters aufgelöst werden, so bleibt für den behinderten Sohn nur die geschlossene Anstalt. Eine solche Unterbringung kostet die Gesellschaft nicht nur eine Menge Geld. Sie bedeutet auch für den Betroffenen, dass er in einer fremden Umgebung eingeengt wird und verkümmert. Jedenfalls ist dies zumeist dann der Fall, wenn er den Großteil seines Lebens auf andere Weise verbracht hat. Die bisher noch lebendige erfreuliche Alternative funktioniert nur, weil die Familienmitglieder selbst Verantwortung für den Schwächeren in ihrem Kreis übernehmen und zu aller Nutzen ausüben.

Die beschriebene Entwicklung macht deutlich, dass der Prozess der Verkleinerung der Familien und der Vereinzelung des Menschen nur dann schlecht und recht funktioniert, wenn die Gesellschaft im Großen, also zumindest auf kommunaler Ebene, dafür sorgt, dass all die, die diesem Vereinzelungsprozess aus welchen Gründen auch immer nicht standhalten, in irgendwelchen kollektiven professionell-spezialisierten sozialen Einrichtungen aufgenommen und versorgt werden. Umgekehrt gesagt »funktionieren« Kleinfamilie auf Zeit und Alleinlebende mit den für die Wirtschaft und für den Freiheits- und Entfaltungsdrang des Menschen optimalen Rollen als Produzenten (mit der damit verbundenen Berufstätigkeit) und Konsumenten nur so lange zufriedenstellend, als jedermann gesund und zur Hochleistung fähig ist. Sobald kleine Kinder, Kranke, Leistungsschwächere und Altere hinzukommen, funktioniert dieses System nicht mehr. Und da fast jedermann von uns irgendwann in seinem Leben krank, leistungsschwach und alt wird - von der unausweichlichen Kindheit ganz zu schweigen - werden wir alle mit dieser Lücke konfrontiert. Wir verdrängen sie nur, so gut und so lange wir können.

Wie sehen die Alternativen zu diesem Irrweg aus?

Ein Zurück zu den alten Sozialstrukturen gibt es nicht. Auch der von den Kirchen propagierte Weg der Rückkehr zur Groß- und Dauerfamilie ist nur noch in Einzelfällen gangbar, bietet aber keine Lösung für die Gesamtgesellschaft. In den alten Strukturen mussten - wie schon gesagt - Geborgenheit und Sicherheit durch Unterwerfung und Gleichschaltung erkauft werden. Dieser Preis wird - richtigerweise - heute von der Mehrheit der nach Freiheit und Unabhängigkeit strebenden Menschen nicht mehr bezahlt. Selbst in Gesellschaften wie der japanischen, wo die alten Sozialstrukturen auch heute noch besonders stark sind, wird der Umbruch spürbar. Die bislang noch weitgehend unterdrückte Auflehnung gegen die alten Strukturen führt dort beispielsweise zu einer überdurchschnittlich hohen Zahl von gesundheitlichen Problemen im Magen-, Leber- und Gallenbereich, die zum Großteil darauf zurückzuführen ist.

Auch die alten kommunitären Strukturen, wie klösterliche Orden und andere Formen ähnlicher Gemeinschaften, zeigen Verfallserscheinungen, die dasselbe deutlich machen, jedenfalls in all den Fällen, in denen die Sehnsucht nach Freiheit und der Wunsch nach Unabhängigkeit massiv unterdrückt wird.

Der weitgehend geschlossene Kreis dieser überkommenen Gemeinschaftsformen mit Unterwerfung unter eine Führungspersönlichkeit und dogmenartigen Verhaltensnormen mit Acht und Bann für die Außenseiter und Aufmüpfigen ist als Sozialstruktur für unsere pluralistische Zeit überholt. Bei der Suche nach neuen Sozial-

Freiheit und Geborgenheit

strukturen geht es deshalb wohl eher um offene Systeme, grafisch gesprochen also um die offene Spirale anstelle des geschlossenen Kreises.

Es geht darüber hinaus - und das scheint mir entscheidend zu sein - um Freiheit und Geborgenheit als den beiden entscheidenden Gegenpolen in der Zielsetzung neuer Gemeinschaften, Begriffe, die ich erstmals von Heinrich Spaemann gehört und später in den Kindheitserinnerungen von Astrid Lindgren gelesen habe. Bislang schien uns die Kombination beider Begriffe als Forderung nur in Gemeinschaft auf Zeit realisierbar zu sein. Jedenfalls zeigen das unsere Sozialstrukturen sehr deutlich von den kurzzeitigen Gemeinschaften in Kursen, Seminaren, den Vereinen und Aktionsgruppen für spezielle Zielsetzungen, aber auch den Ehen und Familien auf Zeit. Aber es geht um Gemeinschaft auf Dauer!

Wir brauchen alle wirtschaftliche Sicherheit und emotionelle Geborgenheit eben nicht nur kurzzeitig sondern auf Dauer. Das ist der eine Pol. Er muss sich aber - und darin liegt heute unsere Herausforderung - in lebendiger Spannung vereinen lassen mit seinem Gegenpol, nämlich der Freiheit und der Unabhängigkeit. Das klingt wie die Forderung nach der Quadratur des Kreises, und doch liegt hier das zentrale Anliegen in jeder menschlichen Beziehung, sei es eine Freundschaft, eine Ehe oder eine Familie. Die Entwicklung des einzelnen Menschen, die Individuation wie C. G. Jung es nannte, ist unverzichtbar. Diese Selbstverwirklichung, wie es oft auch heißt, ist aber zwangsläufig zum Scheitern verurteilt, sowohl individuell-psychisch wie auch kollektiv-sozial, wenn sie im Alleingang oder gar zu Lasten der Mitmenschen erstrebt wird. Sie kann nur in lebendiger Gemeinschaft mit anderen, also auf dem Wege der Sozialisation vorankommen. Individuation und Sozialisation stehen also in derselben polaren Spannungsbeziehung wie Freiheit und Geborgenheit.

Soziale Beziehungen und Strukturen, die dieser Zielsetzung gerecht zu werden versuchen, sind deshalb offene dynamische Systeme. Das sind Wahl- statt Blutsverwandtschaften (die aber natürlich Blutsverwandtschaft nicht ausschließen), innerhalb derer die Abstände zu einem gedachten Mittelpunkt variabel sind. Jeder und jede schließt sich so an und ein, wie dies der derzeitigen Situation und dem augenblicklichen Empfinden entspricht. Nähe bzw. Distanz sind also nicht nur unterschiedlich von Person zu Person, sondern auch veränderlich bei der einzelnen Person selbst. Es muss möglich sein, dass sich der Einzelne heute stärker einbringt oder zurückzieht als gestern oder morgen, ohne dass er dadurch einem mehr oder weniger starken Druck ausgesetzt wird oder gar der Ächtung verfällt.

Dass dabei Krisen, Missverständnisse und Konflikte auftreten, ist selbstverständlich. Deshalb gilt es auch, Methoden und Verfahren zu entwickeln, zu lernen und zu praktizieren, mit denen diese nicht nur auf der sachlichen Ebene, also logisch-rational- analytisch, sondern auch im emotionalen Bereich wahrgenommen, angenommen und aufgearbeitet werden können. Ich selbst habe gerade auf letzterem Gebiet - ein Gebiet, das zumeist als kindisch oder weibisch angesehen und vernachlässigt wird - viel gelernt und große Schritte auf dem Weg zur persönlichen Weiterentwicklung und Reifung gemacht. Elisabeth (Beth) Weiner, die große deutsch-amerikanische Theraupeutin, die in Europa vor allem durch ihre Zusammenarbeit mit Elisabeth Kübler-Ross bekannt geworden ist, war mir dabei sehr hilfreich.

Die »unerledigten Geschäfte«, wie Kübler-Ross es nennt, hindern uns eben nicht nur an einem friedlichen und würdigen Tod. Die unterdrückten Gefühle wie Wut, Trauer, Angst usw. und als das erweisen sich diese unerledigten Geschäfte in den meisten Fällen - sind darüber hinaus nicht nur Triebkräfte bei der Suche nach neuen sozialen Strukturen. Sie erweisen sich häufig genug auch als Stolpersteine bei deren Verwirklichung mit der Folge, dass viele Versuche gerade auf dem kommunitären Sektor - denken wir nur an Wohngemeinschaften - nicht selten früh scheitern.

Während bei der Suche nach Freiheit und Unabhängigkeit häufig genug übersehen wird, dass diese komplementär zur Sehnsucht nach Geborgenheit steht, fehlt bei der Suche nach Geborgenheit nicht selten die Einsicht, dass diese auch eine transzendente Komponente hat. Sie ist immer auch eine Sehnsucht nach Gott, nach der Geborgenheit Gottes. Martin Buber schreibt einmal, die Sehnsucht nach Gott sei die Sehnsucht nach Gemeinschaft, und die Sehnsucht nach Gemeinschaft sei die Sehnsucht nach Gott. Beides bedingt sich gegenseitig.

Das ist wichtig zu wissen, denn kein Mensch und keine Menschengemeinschaft kann die tiefste Sehnsucht des Menschen stillen; sie ist die Sehnsucht nach Geborgenheit in Gott, nach Einheit mit Gott, eine Einheit, die mit der Schöpfung verlorengeht oder mit der Vertreibung aus dem Paradies oder mit dem Auszug des »verlorenen Sohnes«, so wie das Kind sich aus der Einheit mit seiner Mutter löst - lösen muss.

Bei dem Aspekt der Geborgenheit unter Menschen geht es um tragende, verbindliche Gemeinschaft, die nicht nur wirtschaftliche Sicherheit bietet, sondern auch warmherzig-kritischliebevolle Annahme und Zuwendung. Letzteres ist ohne den Mut, eigene Defizite und die sich daran entzündenden Konflikte aufzuarbeiten, meist nicht zu haben.

Bildung und Erhalt von Gemeinschaft setzt meiner Überzeugung nach weiterhin voraus, dass eine soziale Verantwortung über die Gemeinschaftsmitglieder hinaus gesehen wird und Konsequenzen daraus gezogen werden. In den offenen Systemen neuer Gemeinschaften haben die physisch, psychisch und sozial Schwächeren, die Randständigen und Minderleister ihren festen Platz. Für die Gesundheit und das innere wie äußere Wachstum der Gemeinschaft sind die »Kranken« ebenso wichtig wie alles andere. Eine von den Bodelschwingh-Frauen in Bethel hat einmal jemand gesagt, dass für jede Gemeinschaft Kinder, Kranke und Tiere unverzichtbar seien. Das ist ohne Zweifel richtig. Gerade der krankhafte, fortschreitende Spaltungsprozess, der in unserer Hochleis-

Freiheit und Geborgenheit 99

tungsgesellschaft zu beobachten ist, und der wie im Hochleistungssport die siegreiche Elite zunehmend und zusehends vom Rest der Gesellschaft abspaltet, erfordert eine Gegenbewegung - zum Wohle und zum Nutzen der Gesellschaft.

Und damit wird die soziale Aufgabe auch zu einer politischen - der nächsten Ebene, auf der Verantwortung gesehen und entsprechend gehandelt werden muss. Diese politische Verantwortung führt über den sozialen Sektor hinaus. Das soziale Leben solcher Gemeinschaften wirft zwangsläufig wirtschaftliche Fragen auf und erzwingt ihre Lösung. Sie reichen von der Frage der Erwerbstätigkeit, der Einkommensbildung und -Verteilung bis zur Güterproduktion und der Bedeutung von Geld und Zins. So werden in einem lebendigen Prozess viele Bereiche des menschlichen Zusammenlebens mit Diskussion, Lernen, Einüben und Lehren im besten Sinn erfahrbar und erlebbar gemacht.

Die Grundlage für diesen Prozess und die dabei entstehenden und wachsenden Gemeinschaften ist die Suche nach einem gemeinsamem Mythos, wie C. G. Jung es nennt. Die primitivste Form der Gemeinschaftsbildung vollzieht sich bekanntlich, wenn die Gruppe die gemeinsamen Gegner oder gar Feinde festlegt. Die Auseinandersetzung mit diesen, der Kampf gegen sie, liefert das Bindemittel für die Gemeinschaftsbildung. Im Gegensatz zu dieser destruktiven Bindung wächst wirkliche Gemeinschaft mit dem gemeinsamen Mythos. Sie ist umso dauerhafter, je tiefer dieser Mythos im Transzendenten, im Spirituellen oder Religiösen wurzelt und je weiter die historische Kontinuität zurückreicht und aus beidem heraus eine neue lebendige Vision zu bilden vermag.

Das ist für mich ein Mythos, der an die jüdisch-christlichen Überlieferungen anknüpft und im Sinne der Gottesvolkidee auf die Entstehung von Gemeinschaften als Knotenpunkte eines weltweiten Netzes im Sinne einer Pioniergesellschaft für die ganze Menschheit abzielt[41]. Sicherlich kann ein solcher Mythos auch andere Wurzeln haben. Für mich erscheinen allerdings unverzichtbar dabei die spirituelle Tiefe und der Verzicht auf Macht, Herrschaft und Gewalt. Ob diese Einschränkungen absolut zu werten sind, vermag ich nicht zu sagen.

Das Fundament einer gesunden Gesellschaft in unserer Zeit wird gebildet durch Wahlverwandtschaften mit gemeinsamem Mythos als neue soziale Strukturen mit Gemeinschaften auf Dauer, die offene dynamische Systeme sind und ihren Gliedern Freiheit und Geborgenheit zu bieten versuchen. Sie bleiben lebensfähig und werden immer lebendiger, wenn sie über die Ausrichtung nach innen mit ihrer Gefahr des egoistischen Selbstzwecks hinaus eine soziale Verantwortung wahrnehmen und ihr gerecht zu werden versuchen. Die soziale Verantwortung führt logischer- und notwendigerweise zur politischen Verantwortung und zur politischen Arbeit. Sinn und Bestimmung dieser neuen Strukturen werden dadurch abgerundet und können so zu heilsamen Erfahrungen werden.

41 siehe auch Haller, Die heilsame Alternative, Wuppertal 1989

Jede Woche fiebern Millionen Bundesbürger der Lottoziehung entgegen oder setzen ihre Hoffnung auf andere Formen des Glücksspiels. In ihrer überwiegenden Zahl sind dies Menschen, die weder Hoffnung noch Aussicht haben, durch ihre Erwerbstätigkeit ans große Geld zu kommen. Auch wenn das Einkommen zur Sicherung des Lebensunterhalts ausreicht, so ist doch der Wunsch groß, durch einen Gewinn im Glücksspiel sich nicht nur ohne große Mühe ein eigenes Dach über dem Kopf, sondern auch den einen oder anderen Luxus leisten zu können. Auch wer beruflich Karriere macht, verfolgt neben dem Wunsch nach Erfolg und Ansehen das gleiche Ziel.

Allgemein gesprochen versuchen wir, möglichst große Überschüsse als Differenz zwischen den Erlösen aus eigener Erwerbstätigkeit und anderen, letztlich leistungslosen Einkünften wie Kapitalverzinsung und -rendite, Erbschaft, Glücksspiel, Spekulation und anderen Formen von Raub und Diebstahl einerseits und den Kosten für unseren Lebensunterhalt andererseits zu erzielen. Fast jedermann versucht dabei, die eigene Leistung möglichst teuer zu verkaufen und den eigenen Bedarf möglichst billig zu decken, um solche Überschüsse zu erzielen. Diese Denk- und Handlungsweise gilt als eines der zentralen Merkmale der freien Marktwirtschaft.

Solche Überschüsse könnten und würden gewinnbringend (also mit leistungsloser Vermehrung) angelegt, dem Luxuskonsum dienen oder materielle Sicherheiten wie die eigenen vier Wände schaffen. Der Traum für viele wäre es, auf diesen Wegen vom Zwang zur ständigen

Erwerbsarbeit mit all den damit verbundenen Belastungen und Unsicherheiten befreit zu werden, und das Geld - sprich: andere Menschen - für sich arbeiten zu lassen.

Was für die einzelnen Menschen gilt, trifft gleichermaßen auf alle Wirtschaftsunternehmen zu. Das Streben nach Überschüssen als Differenz zwischen Einkünften und Ausgaben, zwischen Erträgen und Aufwendungen, wird hier allerdings mit einem eigenen Begriff gekennzeichnet. Wir sprechen in aller Offenheit und Ehrlichkeit von der Gewinnmaximierung als dem zentralen Ziel der Wirtschaft.

Es ist also nicht so, dass die Hauptaufgabe der Wirtschaft darin bestünde, die materiellen Bedürfnisse des Menschen zu erfüllen. Diese interessieren nur insofern, als sie mit Kaufkraft verbunden sind und einen Beitrag für das beschriebene Ziel zu liefern versprechen. Selbst existentiell unverzichtbare Grundbedürfnisse ohne Kaufkraft mobilisieren niemand in der Wirtschaft. Die Kaufkraft ist es, was die Wirtschaft lockt. Das geht soweit, dass bei vorhandener Kaufkraft sogar Bedürfnisse künstlich geweckt und gefördert werden, um neue Märkte zu schaffen und diese Kaufkraft aufsaugen zu können.

Und wie entsteht Kaufkraft? Kaufkraft entsteht aus Erlösen für ein Angebot in Form von Gütern oder Dienstleistungen, für das sich auf dem Markt Käufer finden, die dieses Angebot in Anspruch nehmen und dafür Geld bezahlen. Ein Leistungsangebot ohne Käufer, also ohne kaufkräftige Nachfrage, stößt ins Leere. Ob aber einer selbst bei erfolgreichem Angebot arm oder reich wird, hängt nicht unbedingt von seiner Arbeitsleistung sondern davon ab, in welchem Verhältnis sein Angebot zusammen mit dem seiner Wettbewerber zu der gesamten Nachfrage steht. Bekanntlich regeln nach dem berühmten Grundsatz der freien Marktwirtschaft Angebot und Nachfrage die Höhe des Preises. Ein Angebotsüberhang führt zu sinkenden Preisen. Ein Nachfrageüberhang treibt sie nach oben. Dieses Grundgesetz gilt praktisch immer, soweit es nicht durch kartellartige Absprachen von Preismonopolen bis hin zu Tarifverträgen außer Kraft gesetzt wird.

Bei der Suche nach erfolgversprechenden Angeboten, die Aussicht auf Überschüsse bieten, hat sowohl der einzelne Mensch bei seiner Berufswahl als auch der Unternehmer bei seiner Produktwahl das nachstehende Spektrum von Möglichkeiten: Art der Leistung, Menge der Leistung, Qualität der Leistung, Zeitpunkt der Leistung, Ort der Leistung, Zugehörigkeit zu einer Rasse oder einer gesellschaftlichen Gruppe.

Ob der Mensch Hilfsarbeiter oder Elektronikingenieur wird, oder ob das Unternehmen einfache Stanzteile herstellt oder computergesteuerte Werkzeugmaschinen, das hat einen erheblichen Einfluss auf die Erfolgsaussichten in Sachen Profitmaximierung. Und ob der Mensch teilzeitig arbeitet oder infolge geringer Produktivität nur kleine Stückzahlen ausbringt, ist gleichfalls bedeutsam. Dasselbe gilt für die Qualität der Leistung sowohl für den einzelnen Arbeitnehmer als auch für jedes Unternehmen. Erstaunlicherweise sind auch Zeitpunkt und Ort der Leistung von erheblichem Einfluss. Wer als erster Erdbeeren oder ein neues Produkt auf den Markt bringt, wird dafür mehr erlösen als der Nachzügler. Und ob er als Mechaniker oder als Einzelhändler im Großraum Stuttgart oder Zürich arbeitet oder als Schwarzer im Busch irgendwo in Westafrika vergleichbare Tätigkeiten ausübt, beeinflusst seine Einkünfte ganz erheblich.

Dasselbe Spektrum von Möglichkeiten ist natürlich auch auf der Nachfrageseite vorhanden. Das heißt, der gewünschte Überschuss kann nicht nur auf der Angebotsseite sondern auch auf der Nachfrageseite erzielt werden, sofern die Grundbedürfnisse erst einmal abgedeckt sind. Der alte Adam Smith, der Ziehvater aller liberalen Volkswirtschaftler hat dies auf einen einfachen Nenner gebracht, indem er sagte, dass Fleiß (auf der Angebotsseite) und Sparsamkeit (auf der Nachfrageseite) automatisch zu Wohlstand führen. Das ist allerdings nur bedingt richtig, denn wenn alle sowohl fleißig im Sinne einer Steigerung der Produktionsmengen als auch sparsam im Sinne einer Konsumbeschränkung wären, dann entstünde zwangsläufig ein Angebotsüberhang, der den Absatz hemmen und die Preise drücken würde. Nur wenn Fleiß von einzelnen und kleinen Gruppen geübt wird, und wenn er zu verstehen ist im Einsatz von schöpferischem Geist zur Steigerung der Produktivität, wächst der Wohlstand, weil der Aufwand zur Erstellung der anzubietenden Leistung, etwa in Form der Stückkosten, sinkt.

Freiheit und Geborgenheit

Dass die Umsetzung von schöpferischem Geist und neuen Ideen in die materielle Wirklichkeit Kapital braucht, sei zwar nur am Rande vermerkt, und doch ist es von entscheidender Bedeutung. Dies hat nämlich zur Folge, dass derjenige, der selbst über das nötige Kapital verfügt oder Zugang zu Kapitalquellen hat, gegenüber dem anderem im Vorteil ist, weil er leistungssteigernde Ideen tatsächlich umsetzen kann, während die anderen aus Kapitalmangel häufig genug darauf verzichten müssen[42]. Und da Kapital schon aus Gründen der Sicherheit und der gesicherten Verzinsung der Leistungselite eher angeboten wird als den sogenannten Minderleistern, verstärkt der Kapitalfluss den schon bei der Preisbildung beginnenden Teufelskreis zu Lasten der (industrietechnisch) Leistungsschwächeren.

Die Erwirtschaftung von möglichst frei verfügbaren Überschüssen, die Gewinnmaximierung, ist für die allermeisten das zentrale Ziel alles Wirtschaftens. Zu diesem Ziel wird im Privaten mehr oder weniger systematisch, in der Wirtschaft aber sehr systematisch und mit großer Sachkunde und Hingabe versucht, an den Schrauben des beschriebenen Spektrums der Möglichkeiten sowohl auf der Angebots- wie auch auf der Nachfrageseite zu drehen, um größtmögliche Überschüsse zu erzielen. Große Anstrengungen mit wachsendem Leistungsdruck werden unternommen, um auf der Angebotsseite Art, Menge, Qualität, Zeitpunkt und Ort der eigenen Leistung zu verbessern und dadurch zu vermeiden, in Marktbereiche

---

[42] für weitere Einzelheiten zur Geldproblematik siehe Haller, Die heilsame Alternative, Wuppertal 89

mit Angebotsüberhang und schlechten Preisen abzurutschen, oder zu versuchen, aus solchen Bereichen nach oben zur Leistungselite mit guten Preisen durchzustoßen. In gleicher Weise wird auf der Nachfrageseite auf die Lieferanten massiv Druck ausgeübt zur Verbesserung ihrer Leistungen bei gleichzeitig tendenziell sinkenden Preisen. Dazu wird versucht, die Zahl der Anbieter auszuweiten, um einen Angebotsüberhang mit sinkenden Preisen zu erreichen. Auf den Weltmärkten der Rohstoffe ist dies in den vergangenen Jahren mit großem Erfolg für die Abnehmer in den Industrienationen gelungen, wie die seit Jahren meist sinkenden Rohstoffpreise beweisen. Diese Entwicklung kann tödlich für den Anbieter werden, wenn er bei seinem Angebot keine Wahlfreiheit weder bei der Auswahl der anzubietenden Produkte noch bei der grundsätzlichen Frage nach der Teilnahme an dem Marktgeschehen hat. Dann wird er zum Sklaven des Markts und seiner Kunden und nicht selten zu deren Opfer. Wir finden diese Situation heute vor allem bei den Ländern der sogenannten Dritten Welt, die durch die Pflichten des Schulddienstes gezwungen sind, zu Konditionen, die nicht selten für sie mörderisch sind, am Welthandel teilzunehmen.

Das Rennen um die besseren Positionen nimmt in den westeuropäischen Ländern auf dem Weg zum Binnenmarkt hektische Züge an. Jedermann weiß, die letzten beißen die Hunde. Aber nicht nur für den künftigen europäischen Binnenmarkt ist das Gerangel um die besten Startplätze groß, auch die Bemühungen in den osteuropäischen Ländern zielen darauf ab, auf dem Weltmarkt aus der Rolle der Lieferanten von billigen Rohstoffen und billigen, markenlosen Fertigerzeugnissen und Abnehmern von teuren Hightechprodukten herauszukommen, weil diese Rolle, wie auch das Nordsüdgefälle zeigt, nicht die gewünschten Überschüsse bringt, sondern eigentlich fast immer defizitär ist. Zur Bezahlung von relativ wenig Hightechprodukten und Hightech-Know-how müssen ungeheure Mengen von Rohstoffen geliefert werden, wie das nachstehende Beispiel aus dem Individualbereich zeigt:

Ein Abgänger von einer Hochschule für Elektronikingenieure in Hard- und Software verdient schon als Berufsanfänger zwischen 4000 und 5000 DM monatlich (Stand 1991). Wenn nun ein Hühnerhalter in seiner »Produktion« Personalkosten sparen, sprich weniger Menschen beschäftigen will, so kann er die Beleuchtung, Klimatisierung, Fütterung, Eier- und Mistabtransport heute durch den Einsatz eines entsprechend programmierten Prozessrechners (natürlich verbunden mit geeigneten Hilfseinrichtungen) automatisieren. Soweit die dafür erforderlichen Programme nicht standardmäßig vorhanden sind, wird ihm ein Softwarehaus für die Entwicklung der entsprechenden Programmteile die Monatsleistung des eingangs beschriebenen Ingenieurs mit mindestens 20.000 DM anbieten und später berechnen. Ein »Mannmonat«, wie der Fachbegriff heißt, kostet also bei der Programmierung mindestens 20.000 DM. Der Hühnerhalter kann insgesamt betrachtet die Inanspruchnahme einer solchen Leistung nur mit den Erzeugnissen seiner Hühner, sprich ihren Eiern, bezahlen. Für 20.000 DM müssen - über den Daumen gepeilt - 200.000 Eier geliefert werden. Das entspricht - immer in Grobzahlen - der Legeleistung von 10.000 Hühnern. 10.000 Hühner vermögen also monatlich gemeinsam eine Leistung zu erbringen, die bei uns einen vergleichbaren Marktwert hat wie die eines Software- Ingenieurs.

Damit wird unser Dilemma offenkundig: Die Wirtschaftsleistung von 1 Software-Ingenieur hat einen Marktwert wie die von 10.000 Hühnern... oder 5 bis 10 Polen oder 10 bis 100 Indios in Südamerika.

Angesichts dieses Irrsinns ist es kein Wunder, dass allenthalben alles unternommen wird, um zu den Software-Ingieuren zu zählen und nicht zu den Hühnern (oder Polen oder Indios).

Die besten Aussichten bei dieser Jagd nach Gewinnmaximierung haben ganz offensichtlich die kapitalstarken Lieferanten von Hightechprodukten, die als Abnehmer von Rohstoffen auftreten. Ihr Angebot wird mit hohen Preisen honoriert, und ihre Nachfrage mit geringen Kosten für sie gedeckt. Sie erzielen deshalb gute Gewinne. Die Handelsbilanzüberschüsse der Bundesrepublik oder Japans sprechen dafür eine deutliche Sprache. Kein Wunder, dass der Kampf um die Spitzenplätze immer härter wird, möchte doch jeder - ob als Einzelner, als Unternehmen oder als Nationalstaat - zu denen zählen, die vornedran sind und absahnen können.

Dass die in der schlechteren Startposition sich auch noch zunehmend verschulden müssen in ihrem letztlich fast aussichtslosen Bemühen, den Anschluss nicht zu

Freiheit und Geborgenheit

verpassen, macht die Dinge noch schlimmer. Sie erlösen für ihr Leistungsangebot nicht nur ungleich weniger als die Hightech-Industrienationen; ihre Erlöse werden noch gekappt durch Zins- und Tilgungslasten, so dass der Teufelskreis, in immer größere Verelendung zu geraten, kaum durchbrochen werden kann. Auch lassen die Zahlungsverpflichtungen aus Schuldenlasten einen Ausstieg aus so ungleichen Geschäftsbeziehungen nicht mehr zu. Diese Schuldknechtschaft wird zur modernen Form der Versklavung.

Der brasilianische Arbeiterführer Luis Ignacio Silva schreibt dazu[43]:

»Der dritte Weltkrieg hat bereits begonnen - ein geräuschloser, aber deshalb nicht weniger unheilvoller Krieg. Anstelle von Soldaten müssen Kinder ihr Leben lassen. Statt Millionen von Verwundeten gibt es Millionen von Arbeitslosen. Statt der Zerstörung von Brücken werden Fabriken, Schulen, Krankenhäuser und ganze Volkswirtschaften vernichtet. Es ist ein Krieg gegen den lateinamerikanischen Kontinent und gegen die gesamte Dritte Welt, ein Krieg um die Auslandsschulden. Seine schärfste Waffe ist der Zinssatz, und sie ist tödlicher als die Atombombe.«

Als vor einiger Zeit der Ministerpräsident von Polen in der Bundesrepublik eine Art Goodwilltour zur Linderung der Not in Polen unternahm, wußte jeder Sachkundige,

---

[43] zitiert nach Susan George, Sie sterben an unserem Geld, rororo aktuell, Hamburg 1988

dass dies praktisch ein Versuch am verlorenen Objekt war. Bei vielen Milliarden Dollar Auslandschulden und den daraus folgenden Zins- und Tilgungslasten und angesichts der Tatsache, dass das polnische Leistungsangebot an landwirtschaftlichen Erzeugnissen, Rohstoffen und billigen Industrieprodukten in Marktbereichen mit Angebotsüberhang und miserablen Preisen angesiedelt ist, kann eine Verbesserung der wirtschaftlichen Lage in Polen eigentlich nicht erwartet werden. Wenn die Einfuhren nicht gedrosselt würden zulasten der Verbesserung der Leistungsfähigkeit der Wirtschaft und gleichzeitig die Ausfuhren gesteigert durch noch radikaleren Konsumverzicht, bleibt die Handels- und Zahlungsbilanz defizitär. Jedes Kind kann das verstehen. Und doch wurde in unseren Medien während des polnischen Staatsbesuchs so getan, als sei die Verbesserung der wirtschaftlichen Lage in Polen eine realistische Möglichkeit.

Die von uns allen so gehätschelte »heilige Kuh« der freien Marktwirtschaft kann die Probleme der Ungleichheit weder im nationalen noch im globalen Maßstab lösen. Ganz im Gegenteil, sie verschärft sie. Das kann nicht deutlich genug gemacht werden. Zwar ist die öffentliche Diskussion um die Schwächen unseres Systems heute nicht gerade populär. Die offensichtliche Pleite des Staatskapitalismus und der Planwirtschaft der osteuropäischen Länder und der Bankrott der gewerkschaftlichen »Gemeinwirtschaft« der am Schicksal der Neuen Heimat, der Coop, der Bank für Gemeinwirtschaft und der Volksfürsorge abzulesen ist, haben zwar anhaltendes Triumphgeschrei der Marktwirtschaftler ausgelöst. Und

Freiheit und Geborgenheit

doch kann das alles die beschriebenen Fakten weder verschleiern noch aus der Welt schaffen.

Auf dem militärischen Sektor wurden in den vergangenen Jahren unter dem Begriff »Sicherheitspartnerschaft« die überkommenen Strategien wenigstens im Ost-West-Konflikt erfolgreich in Frage gestellt und damit die Rücksichtnahme auf die lebenswichtigen Interessen des potentiellen Gegners (auch wenn sie wie beim Sicherheitsbedürfnis rein subjektiver Natur sind) als wichtiges Element jeder militärischen Sicherheitspolitik anerkannt. Die ersten Abrüstungserfolge belegen dies. Auch die Diskussion um den Verzicht auf die Fähigkeit zur offensiven Kriegsführung und um die Ausrichtung auf Konzepte strikt defensiver Kriegsführung vermag die Fronten schrittweise aufzuweichen und die massive Bedrohung von Mensch und Natur - so ist zu hoffen - Zug um Zug abzubauen. Eine vergleichbare Diskussion fehlt bislang auf dem Gebiet der Wirtschaft, obwohl unübersehbar ist, dass der militärische Imperialismus jedenfalls unter den Industrienationen längst durch den Wirtschaftsimperialismus abgelöst wurde. Bezeichnenderweise haben dies die großen Sieger des vergangenen Weltkriegs als letzte begriffen. Die Sowjetunion hat sich ähnlich wie die USA fast zu Tode gerüstet. Beide Länder sind zu industriellen Schwächlingen verkommen, während die beiden Hauptverlierer dieses Kriegs, nämlich Deutschland und Japan, im heutigen Wirtschaftsimperialismus als Sieger dastehen. Insofern ist unsere Bundeswehr und die NATO mit ihren heutigen Konzeptionen längst zum Anachronismus verkommen, auch wenn die Eisenköpfe dies noch lange nicht begreifen. Sie bleiben die ewig Gestrigen und werden wohl erst morgen merken, was heute war.

Aber nun auch mit dem und über den Wirtschaftsimperialismus einen kritischen Dialog zu führen, das ist die Aufgabe der Stunde. Wir müssen öffentlich fragen, wie für die Weltwirtschaft der analoge Begriff zur »Sicherheitspartnerschaft« heißen müßte, und wie etwa eine Partnerschaft im Wettbewerb aussehen könnte. Wir müssen öffentlich fragen, wie »die Rücksichtnahme auf die lebenswichtigen Interessen des potentiellen Gegners« - das ist in der Wirtschaft der Lieferant, der Konkurrent und der Kunde, aber auch der sogenannte Arbeitnehmer - praktisch aussehen müsste.

Diese Rücksichtnahme hat eine bewusst kaum wahrgenommene gute Tradition. Das vor allem in den südlichen Ländern auch heute noch weit verbreitete Feilschen vor der Preisvereinbarung hatte ursprünglich vor allem den Zweck, die wirtschaftliche Lage beider Partner so weit offenzulegen und gegenseitig kennenzulernen, dass für das von beiden Seiten erstrebte Geschäft ein dieser Lage angemessener Preis vereinbart werden konnte. Natürlich ist dieses Anliegen in den meisten Fällen verloren gegangen, aber an diese alte Tradition könnte bei der Suche nach neuen, zeitgemäßen Methoden angeknüpft werden ohne die Vorstellung von einer freien Wirtschaft aufzugeben.

Beim Feilschen haben wir zwar ein freies marktwirtschaftliches Wirtschaftssystem. Die Preisbildung orientiert sich jedoch nicht vor allem am Gesetz von Angebot und Nachfrage. Sie richtet sich vielmehr in erster Linie nach der wirtschaftlichen Lage der beiden Verhandlungspartner und berücksichtigt dabei selbstverständlich die Grenzen der Kompromissfähigkeit beider Seiten.

Die Diskussion dieser Fragen muss zu einem wesentlichen Anliegen bei der Fortführung des konziliaren Prozesses werden, wenn der Gerechtigkeit im biblischen Umfang des Begriffs in wachsendem Maße Genüge getan werden soll.

Die Herausforderung der Weltschuldenkrise

Wie in der Zwischenzeit wohl jedermann weiß, wird der Schuldenberg und damit auch das wirtschaftliche Elend der sogenannten Dritten Welt von Jahr zu Jahr scheinbar unaufhaltsam größer. Die Bankenwelt ist nicht in der Lage, über die Sicherung von Eigeninteressen hinaus wirkliche Auswege zu finden und zu gehen. Und so reiht sich ein Umschuldungsabkommen ans andere, ohne die Situation ernsthaft zu verbessern. Vielmehr beginnt sich die Seuche mehr und mehr von der sogenannten Dritten Welt nach Osteuropa und in die reichen Länder hinein auszudehnen, wo mit denselben, letztlich gescheiterten Konzepten versucht wird, Entwicklung und Wachstum zu finanzieren.

Was geht uns das alles an?

Um diese Frage aufzuhellen, ist es zunächst wichtig zu wissen, dass neben den von den Schuldnerländern selbst zu verantwortenden Ursachen der Misswirtschaft, des Rüstungswahns und der Kapitalflucht die Hauptgründe für die fortschreitende Verelendung in unserem System der Preisbildung und dem Zins und Zinseszinszwang liegen. Bei der Preisbildung sorgen schlechte Preise für unzulängliche Einkünfte. Die schlechten Preise werden zumeist durch Angebotsüberhänge verursacht und diese wiederum nicht selten durch die Verpflichtungen des Schulddienstes. Konkret heißt dies, dass die Schuldnerländer, um ihren finanziellen Verpflichtungen nachzukommen, auf den Weltmärkten riesige Angebote machen müssen, die bei vergleichsweise geringerer Nachfrage zwangsläufig die Preise drücken. Die Situation wird verschärft durch die Tatsache, dass die erzielbaren geringen Einkünfte häufig nicht ausreichen, den Verpflichtungen des Schulddienstes nachzukommen, umso mehr wenn dieser durch hohe Zinssätze und Zinseszinsen in einer Exponentialentwicklung ins Unendliche explodiert.

Die Seuche kann demnach an der Wurzel nur dann bekämpft werden, wenn wir beim Prinzip der Preisbildung nicht nur auf die Gesetze des freien Marktes bauen, sondern lernen, auf die lebenswichtigen Interessen des Handelspartners Rücksicht zu nehmen. Konkret heißt das, dass wir am Markt nicht auf Minimalpreise gieren, sondern ausreichende Preise bezahlen, die eine menschliche Existenz des Lieferanten und eine angemessene wirtschaftliche Entwicklung ermöglichen.

Wie schon beschrieben hat diese Denkweise in der Militärdoktrin unter dem Begriff der Sicherheitspartnerschaft wenigstens für die Ost-West-Beziehungen längst Platz gegriffen; im Bereich der Wirtschaft wird sie bislang noch nicht einmal als Theorie ernsthaft diskutiert. Eine Kirche, die den konziliaren Prozess ernst nimmt und damit auch das Anliegen der Gerechtigkeit, könnte und sollte Initiator und Stätte für diese Diskussion sein und die Verwirklichung dieser Denkweise über die wenigstens teilweise schon vorhandenen Dritte-Welt-Vernetzungen fördern.

Bei der Frage der Zinsnahme ist die Situation eigentlich noch deutlicher. In der mosaischen Gesetzgebung wird die Zinsnahme innerhalb der Volksgemeinschaft schlicht verboten[44]. Sie ist lediglich gegenüber den nicht zur Volksgemeinschaft Zählenden zulässig. Diese Auffassung verschärft sich offensichtlich in der biblischen Geschichte. Jedenfalls wird bei Hesekiel/Ezechiel bereits über jeden Zinsnehmer das Todesurteil verhängt[45]. Die biblische Grundhaltung wird zunächst auch von der Kirche übernommen, wie die Aussagen der verschiedenen Konzilien bis ins hohe Mittelalter hinein deutlich machen. Auch Luther war in seinen Aussagen in dieser Frage ziemlich eindeutig. So beschreibt er einmal den Wucherer als »Werwolf, schlimmer noch als alle Tyrannen, Mörder und Räuber, schier so böse wie der Teufel selbst.«[46]

Ein dramatischer Wandel ist erst in den beiden zurückliegenden Jahrhunderten zu beobachten, wo die Forderungen der Wirtschaft nach freien, zinspflichtigen (und moralisch unbedenklichen) Geldmärkten zur Finanzierung des wachsenden Kapitalbedarfs der Industrialisierung sich in einer Umkehr der kirchlichen Haltung in der Zinsfrage niederschlug. Einer der

---

44 z. B. 2. Mose (Exodus) 22, 24 ff
45 Hesekiel/Ezechiel 18, 13
46 zitiert nach »Zeitschrift für Sozialökonomie« 80/89

entscheidenden Tricks, der diese Kehrtwendung vor allem dem unbedarften Laien gegenüber erleichterte, war die Unterscheidung zwischen verwerflichem Wucher und dem gottgefälligen Zins. Allerdings kann niemand ernstlich eine ordentliche Grenzlinie zwischen beidem ziehen, vor allem deshalb nicht, weil auch eine relativ niedrige Zinshöhe über den Zinseszinseffekt zur exponentiellen sprich explosionsartigen Vermehrung der Schuldsumme führen und damit mörderisch werden kann. Dies tritt immer dann ein, wenn der Schulddienst bestehend aus Zins und Tilgung ohne großen Opfer gar nicht oder nur teilweise geleistet werden kann. Dann wird auch der relativ niedrige Zins fast in jeder Notlage zum Wucher. Er wird dann nämlich selbst ganz oder teilweise zinspflichtig. Die Exponentialentwicklung nimmt ihren Lauf mit all ihren mörderischen Folgen.

Ganz abgesehen davon ist immer wieder darauf hinzuweisen, dass die Zinsnahme schlechthin letztlich ein leistungsloses Einkommen darstellt und zusammen mit dem Zinseszinseffekt zu einer unverantwortlichen, ja geradezu mörderischen Abschöpfung von Einkommen und Verlagerung von Kaufkraft von den Armen zu den Reichen führt. Wie die nachstehende Grafik zeigt, ist diese Gesetzmäßigkeit mathematisch von so großer Klarheit und praktisch-wirtschaftlich von solcher Eindringlichkeit, dass es verwundert, wie lange auch die verantwortlichen Teile der Gesellschaft davor die Augen verschließen konnten:

Die Herausforderung der Weltschuldenkrise

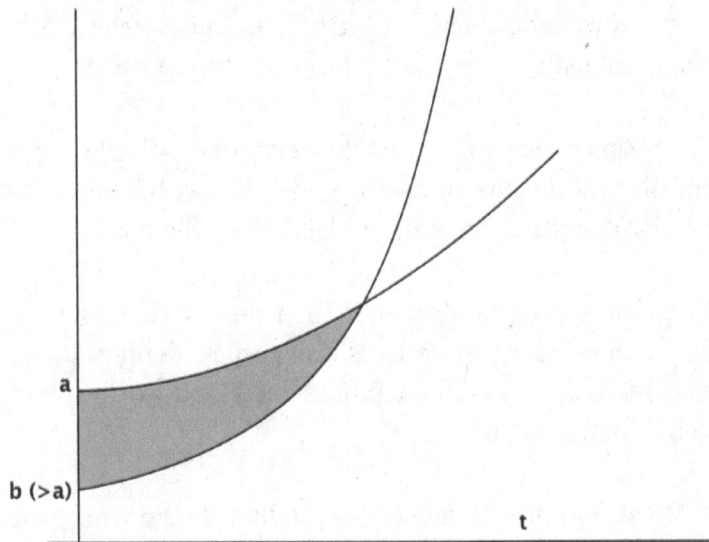

(Der schraffierte Teil ist die verbleibende Restkaufkraft)

In dieser Grafik stellt »a« die Kurve des Einkommens (Kaufkraft des einzelnen oder eines Haushalts, Steueraufkommen eines öffentlichen Haushalts oder das Volkseinkommen bzw. jede andere ähnliche Größe) dar, während b die Kurve des Schulddienstes einschließlich Zins und Zinseszins oder nur Zins und Zinseszins darstellt. Nach dieser Grafik muss der verantwortliche Gläubiger unter allen Umständen vermeiden, dass - grafisch gesprochen - die Kurve »b« steiler ansteigt als die Kurve »a« und so die verbleibende Restkaufkraft fortschreitend gegen Null hin verkleinert.

Diese Gesetzmäßigkeit und die daraus abzuleitende Forderung an den Gläubiger gilt auch für den häufig genug auftretenden Fall, wo trotz teilweise geleistetem Schulddienst ein Anstieg der Kurve eintreten würde.

Ob Zins gleich welcher Höhe vertretbar ist, zeigen die auf die zitierte Bibelstelle folgenden Verse, bei denen es um die Pfandnahme geht, wohl am deutlichsten:

Pfändest du, pfändest das Tuch deines Genossen eh die Sonne einging, erstatte es ihm zurück, denn es allein ist seine Hülle, es sein Tuch für seine Haut, worin soll er sich schlafen legen?

Mit der in der letzten Zeile gestellten Frage wird ganz eindeutig die Verantwortung für die menschengerechte Existenz des Schuldners dem Gläubiger zugewiesen. Es geht eben auch beim Geldverleih, der Zinsnahme und der Pfandnahme um die Beziehung zwischen Menschen, in der keine der beiden Seiten in ihrer menschlichen Existenz ernsthaft Schaden leiden darf. Daran können und dürfen weder die Anonymisierung der Geldströme durch die Banken noch irgendwelche vertraglichen Vereinbarungen oder andere gesellschaftlichen Spielregeln etwas ändern. Der Verleiher von Geld übernimmt im Rahmen der Tilgungs- und Zinsvereinbarungen Verantwortung für die menschengerechte Existenz des Schuldners bzw. dafür, dass durch den Schulddienst die Grenze der menschenwürdigen Existenz nicht überschritten wird. Nicht mehr aber auch nicht weniger.

Hier wird deutlich, dass Zins ebenso wie Pfandnahme nicht zur existentiellen Gefährdung des Schuldners führen darf. Damit ist aber eine klare Absage gemacht gegen jede pauschale und einheitlich gleichbleibende Verzinsung, sei sie hoch oder niedrig. In diesem Sinn dürfte Zins einen Anteil vom Wohlstand abschöpfen, auch wenn der Zinsnehmer dabei fast immer zum Helfershelfer des Unrechts wird; er darf aber niemals existentiell gefährden.

Das würde einen variablen Zinssatz erfordern nicht orientiert am Problem der globalen Geldmengen- und Konjunktursteuerung, wie dies heute üblich ist, sondern ausgerichtet an der durchaus veränderlichen finanziellen Situation des Schuldners. Damit würden wir eine Richtung weiterverfolgen, die mir einmal ein Banker aus dem Sudan beschrieben hat, der vor allem mit (Öl-) Geld von den Saudis arbeitet, und wo wegen der eindeutigen Aussagen im Koran die Zinsnahme verboten aber eine Erfolgs- bzw. Ertragsbeteiligung zulässig ist.

Entscheidend wichtig ist, dass der Zins keine feste Größe bleibt sondern allenfalls eine Erfolgsbeteiligung darstellt - falls der Begriff »Zins« dann überhaupt noch verwendet werden kann. Dies ist deshalb so wichtig, weil der Zins in seiner heutigen Form praktisch immer in die Kostenrechnung und Kalkulation eingeht und über den Preis vom Abnehmer bezahlt wird. Das gilt für die Güter und Dienstleistungen der Wirtschaft ebenso wie für bei den öffentlichen Einrichtungen, vom Auto angefangen über die Wohnungskosten bis zur Elektrizität, zum Abwasser und zum Krankenhausaufenthalt. Der Zinsanteil der direkt oder indirekt bezahlten Preise und Kosten aller Waren und Dienstleistungen reicht von 10 % bei hoch arbeitsintensiven bis zu 90% bei hoch kapitalintensiven Waren und Dienstleistungen und liegt bei einem durchschnittlichen Korb von Waren und Dienstleistungen bei rund einem Drittel. Von jeder Mark, die der Durchschnittsbürger ausgibt, um seinen Lebensunterhalt zu bestreiten, werden also zwischen 30 und 40 Pfennige für die Zinszahlung abgezweigt. Der Durchschnittsbürger zahlt also nicht nur Zinsen direkt an seine Geldverleiher, etwa die Bank; er zahlt noch viel mehr Zinsen indirekt über die Preise für die von ihm gekauften Waren und Dienstleistungen.

Wie übel diese Zinsrechnung tatsächlich aussieht, zeigt die folgende Gliederung der Bevölkerung nach ihrer Betroffenheit durch das Zinssystem:

Gruppe 1:

Verlierer bis hin zum Weißbluten und zum physischen Untergang sind all die Menschen und Volksgruppen, die durch unsere Preisgestaltung und unser Zinssystem, vor allem durch den Zinseszinseffekt, in (nicht selten exponentiell) wachsendem Umfang reale Kaufkraft verlieren.

Gruppe 2:

Verlierer sind all diejenigen, die mit ihrer Verschuldung zwar nicht in eine Exponentialentwicklung kommen, aber in einer Zinsdifferenzrechnung negativ abschließen. Das heißt, sie zahlen direkt und indirekt mehr Zinsen als sie einnehmen. Das sind all diejenigen, deren zinsbringendes (oder auf ähnliche Weise sich vermehrendes) Vermögen unter - grob gesagt - einer Viertelmillion Mark liegt.

Gruppe 3:

Gewinner in der Zinsrechnung sind all diejenigen, deren Zinseinkünfte (oder vergleichbare Formen der Vermögensvermehrung) größer sind als die Summe ihrer Zinszahlungen, bei denen aber diese positive Differenz nicht so groß ist, um zur Exponentialentwicklung zu führen. Sie dient in aller Regel dem Luxuskonsum vom komfortableren Auto über die schöne Wohnung bis hin zur großen Ferienreise. Ihr Geldvermehrungsvermögen liegt - wiederum grob gesagt - zwischen einer Viertelmillion und einer Million Mark.

Gruppe 4:

Die großen Schmarotzer der Zinsrechnung sind all diejenigen, deren Geldeinkünfte nicht in vollem Umfang verbraucht werden sondern zumindest teilweise neu angelegt werden und damit die Exponentialentwicklung des Zinseszinseffektes auslösen, wodurch sich ihr Geldvermögen explosionsartig vermehrt. Ihr vermehrbares Geldvermögen liegt oberhalb einer Million Mark. Der Volksmund sagt richtigerweise, die erste Million koste Arbeit, nachher sei ein Esel, wer weiterhin hart arbeite.

In der deutschen Geseztgebung ist durch die Festlegung der Pfändungsgrenzen im individuellen Schuldrecht dem obigen biblischen Anspruch Genüge getan. Unterhalb bestimmter existentieller Grenzen darf bekanntlich der Schuldner in Deutschland nicht gepfändet werden. Im deutschen Gesellschaftsrecht gibt es eine solche Regelung ebenso wenig wie im internationalen Recht. Ein deutsches Unternehmen kann in den Konkurs gehen und aufgelöst werden, ebenso wie ein Schuldnerland durch entsprechende Auflagen des Internationalen Währungsfonds bis zum Weißbluten ausgepreßt werden kann. Wo da welche Grenzen zu ziehen wären, ist eine offene Frage. Jedenfalls aber eine Frage, die zu stellen und zu diskutieren ist und die zumindest in der internationalen Schuldenkrise dringend der Lösung im biblischen Sinne bedarf. Schließlich steht buchstäblich die nackte Existenz von Millionen Menschen auf dem Spiel.

Was können wir tun?

Es geht um eine Art Doppelstrategie. Zum einen müssen die Folgen der Art unseres Umgangs mit dem Geld immer wieder offengelegt werden. Zum anderen geht es darum, selbst verantwortlich zu handeln und Alternativen zu entwickeln und zu fördern. Mit der Oekumenischen Entwicklungsgenossenschaft (EDCS) ist ein wichtiger und richtiger Anfang gemacht. Dieser Anfang sollte allerdings um zwei entscheidende Maßnahmen auf der prinzipiellen Ebene noch mehr als bislang erweitert und ergänzt werden.

Die Herausforderung der Weltschuldenkrise

Die Aktivitäten der EDCS leiden nämlich zumeist unter dem Spielhöllen-Charakter der Währungsrelationen und der Preisbildung auf den Warenmärkten. Der Kreditnehmer hat keinerlei Einfluss auf den Kurs des Dollars oder der D-Mark, Währungen die in der Regel die Grundlage für den Kreditvertrag liefern. In gleicher Weise kann er den endgültigen Preis der von ihm erzeugten Produkte über die Laufzeit des Kreditvertrags hinweg kaum beeinflussen. Was beispielsweise der Kaffee in fünf Jahren kosten wird, steht in den Sternen geschrieben. Das Kredit- und Warengeschäft ist somit einerseits eine Beziehung auf ernsthafter wirtschaftlicher Grundlage, andererseits aber in gleichem oder gar größerem Umfang reine Spekulation in der Art dessen, was in den Spielhöllen zu beobachten ist. Das birgt Risiken, die letztlich dem Kreditnehmer nicht zuzumuten sind.

Diese Schwierigkeit lässt sich nur überwinden, wenn wir den Mut zur eigenen Quasi-Währung entwickeln, die sich aus dem Wert eines Warenkorbes auf der Grundlage angemessener Preise etwa zur Zeit der Kreditverhandlungen ermitteln ließe, oder wenn gar die Rückzahlung in einer klar begrenzten Menge von Naturalien (etwa landwirtschaftlichen Produkten) vereinbart würde, deren Vertrieb die Handelsnetze der sogenannten Dritte oder besser Eine-Welt-Läden übernähmen.

Ein letztes noch:

Eine der Blüten unseres Umgangs mit dem Überschuldungsproblem ist der sogenannte Sekundärmarkt für

Schuldverschreibungen der Schuldnerländer, auf dem derartige Papiere mit wertberichtigenden Abschlägen gehandelt werden. So wurde öffentlich bekannt, dass Schuldverschreibungen von Bolivien mit Abschlägen bis herunter auf 11% des ursprünglichen Werts verkauft wurden. Diese Verfahrensweise hat positive und negative Folgen, wie die beiden nachstehenden Beispiele deutlich machen.

Wie wir wissen, hat der World Wildlife Fund Schuldverschreibungen von Bolivien im Nennwert von 1 Mio Dollar zum Preis von 110.000 Dollar gekauft und der Regierung von Bolivien im Rahmen einer Übereinkunft überlassen, nach der ein bestimmtes Gebiet Boliviens als Naturschutzgebiet ausgewiesen und von der technischen Entwicklung ausgenommen wird. Eine solche Maßnahme entlastet das Schuldnerland, ohne die Inflation oder andere schädliche Entwicklungen zu fördern.

Anders sieht es mit grundsätzlich ähnlichen Schritten aus, wie sie etwa von Volkswagen bekannt geworden sind. Den Informationen zufolge hat Volkswagen in Mexico staatliche Schuldverschreibungen mit Preisabschlägen gekauft und mit dem Gegenwert in Landeswährung dort irgendwelche Investitionen finanziert, eine Maßnahme, die eindeutig inflationär ist, ganz abgesehen davon, dass sie Ausverkauf an Fremde bedeutet.

Wir wissen, dass die Kirchen in ihren verschiedenen Körperschaften und auf verschiedenen Ebenen ungeheuerliche Milliardenvermögen zinsbringend angelegt haben[47]. Es wäre an der Zeit, wachsende Teile davon etwa im Rahmen eines oekumenischen Schuldenausgleichsfonds als Korrektiv zur mörderischen Waren- und Geldwirtschaft unserer Zeit einzusetzen und so der Aussage Jesu gerecht zu werden, nach der die Glieder des Gottesvolks das Licht der Welt seien.

[47] allein die EKD, also die evangelischen Kirche Deutschlands, hatte schon 1984 über 700 Millionen DM an Zinsen eingenommen. Die Milliarden-Grenze ist sicher längst überschritten. Das bedeutet, dass das (außerhalb der Alters- und Risikovorsorge) angelegte Geldvermögen schätzungsweise zwischen 15 und 20 Milliarden Mark beträgt und sich natürlich auch zu Lasten der Schuldner exponentiell vermehrt, also sich im Zyklus von 5 bis 10 Jahren (je nach Zinshöhe) verdoppelt.

Arbeit und Einkommen

Recht auf (Erwerbs-)Arbeit

Unter den sozialen Grundforderungen, die in den letzten Monaten der ehemaligen DDR heiß diskutiert wurden, war das Recht auf Arbeit eine der wesentlichen. Diese Frage wurde bekanntlich auch bei uns immer wieder aufgeworfen, doch von den Regierungsparteien stets verneint. Auch die SPD und die großen Gewerkschaften halten dieses Recht weder für durchsetzbar noch für praktikabel. Jedenfalls scheint es ihnen nicht der Mühe wert, dafür zu kämpfen. Das ist umso verwunderlicher, als Arbeitslosigkeit auch volkswirtschaftlich eigentlich nicht zu verantworten ist, vom menschlichen Anliegen ganz zu schweigen. Wenn nämlich ein Arbeitnehmer in einer Industrienation wie der Bundesrepublik im Durchschnitt jährlich eine Wertschöpfung von mindestens 50.000 Mark erarbeitet und damit nicht nur für sich persönlich Kaufkraft erwirtschaftet, sondern auch eine große Summe an Steuern und Abgaben, so wird klar, dass jede Massenarbeitslosigkeit, wie sie seit Jahren fast überall zu beobachten ist, riesige Milliardenlöcher in jede volkswirtschaftliche Rechnung reißt.

Darüber hinaus zeigt die Erfahrung (z. B. bei uns im LEBENSHAUS), dass das Fehlen einer festen Anstellung zur (Erwerbs-) arbeit, die auch dem zeitlichen Verlauf Ordnung und Struktur gibt, den allermeisten Menschen ihr Selbstwertgefühl und ihre innere Ordnung gefährdet oder gar zerstört. Dieselbe Beobachtung gilt wohl auch für die unbezahlte Arbeit, wie sie beispielsweise viele Hausfrauen verrichten, wobei der Sinn und Ordnung stiftende Effekt dieser Arbeit vor allem darin zu beruhen scheint, dass er über die Erfüllung der eigenen Bedürfnisse hinaus reicht.

Es ist sehr wohl vorstellbar, dass sich eine Industriegesellschaft wie die unsrige verpflichtet, jedem Erwerbswilligen eine Arbeitsstelle anzubieten und notfalls die nötigen Mittel zu deren Finanzierung aufzubringen. Diese Vorstellung ist gar nicht so weit her geholt, wie es zunächst den Anschein hat. Sie hat vielmehr eine jahrhundertealte Entsprechung im germanischen Landrecht. Wie ich aus eigener Kindheitserfahrung weiß, war es beispielsweise in den Siedlungsgebieten der Alemannen und Schwaben bis vor wenigen Jahrzehnten für jeden erwachsenen Bürger möglich und üblich, von seiner Gemeinde auf Lebenszeit die Nutzungsrechte für ein Stück Land, nämlich die Allmende, zu beanspruchen, ein Stück Land, das im Idealfall groß genug war, um ihm und seiner Familie bei angemessener Bearbeitung das Existenzminimum zu sichern.

Der Gedanke der sozialen Absicherung bei unseren Vorfahren zielte also nicht auf ein leistungsloses Grundeinkommen ab sondern vielmehr auf die Sicherstellung der Grundlagen für die eigene Erwirtschaftung des Existenzminimums. Die Allmende und die damit verbundenen Einschränkungen und ihre Vor- und Nachteile sollen hier nicht weiter diskutiert werden. Die Feststellung sollte genügen, dass dem alten Recht auf Allmende heute das Recht auf Erwerbsarbeit entspricht.

Dabei erscheint es wenig sinnvoll ja sogar überflüssig, über einen staatlich finanzierten zweiten Arbeitsmarkt öffentliche Unternehmen und Einrichtungen zur Beschäftigung der sonst Arbeitslosen aufzubauen. Vielmehr sollte es genügen, in der Art der ABM-Stellen, also jener bislang schon - allerdings in sehr begrenztem Umfang - üblichen Arbeitsbeschaffungsmaßnahmen überall Stellen einzurichten, um im konjunkturellen Auf und Ab eine ausreichende Zahl von Arbeitsplätzen verfügbar zu haben, damit Arbeitslosigkeit, die über persönliche Übergangsprobleme hinausgeht, vermieden werden kann. Dabei sollte den Arbeitslosen ein möglichst hohes Maß der Mitbestimmung bei der Auswahl geeigneter Stellen gewährt werden. Die Mitbestimmung könnte im Idealfall bis zur eigenen Suche und Auswahl durch die Bewerber innerhalb des durch das Genehmigungsverfahren gesteckten Rahmens erweitert werden.

Dieser neuartige ABM-Markt sollte also so etwas wie ein Beschäftigungspuffer für die Höhen und Tiefen einer Konjunktur darstellen. Diese Variabilität wäre dann realisierbar, wenn die Zuschüsse jeweils befristet und zwar für die Dauer von mindestens einem Jahr genehmigt würden, und wenn die Zahl der jährlich zu genehmigenden Stellenbezuschussungen von der lokalen bzw. regionalen Arbeitsmarktlage abhängig gemacht würde.

Um der Gefahr der Subvention von billigen Arbeitskräften für die Wirtschaft vorzubeugen, sollte dieser ABM-Markt strikt auf den gemeinnützigen Bereich beschränkt werden. Diese Beschränkung wäre wohl zu erweitern um Großfamilien, also entweder Familien mit einer großen Kinderzahl oder mit bestimmten Betreuungsaufgaben, vor allem pflegerischen, etwa für alte Menschen. Der ABM-Markt würde also in erster Linie gemeinnützige Vereine umfassen, die unter Umständen sogar vorrangig für diesen Zweck gegründet würden. Hinzu kämen Einrichtungen der freien Wohlfahrtspflege. Im letzteren Fall müsste sichergestellt werden, dass ABM-Stellen erst dann besetzt werden können, wenn der zugestandene Planstellenrahmen voll ausgeschöpft ist. Auf diese Weise könnte vermieden werden, dass ABM-Leute als Lückenbüßer und Konkurrenten für vollgültige Arbeitskräfte missbraucht werden, wie dies heute teilweise bei Zivildienstleistenden der Fall zu sein scheint.

Wie schon bisher üblich, sollte der ABM-Markt von der Arbeitsverwaltung, konkret also von den Arbeitsämtern, verwaltet und finanziert werden. Die Mittel dafür müssten aus der Arbeitslosenversicherung stammen und sollten im Einzelfall 50 bis 100% der anfallenden Personalkosten ausmachen. Maßstab für die Einkommenshöhe wären die jeweils gültigen Tarife für die betreffende Arbeit.

Der Prozentsatz der Bezuschussung könnte davon abhängig gemacht werden, wieweit die betreffende Person vermittelbar und einsetzbar ist. Letztlich wäre er gar abhängig von der Arbeitsmarktlage, insbesondere wenn - wie es erforderlich scheint - jedes Arbeitsamt die Auflage hätte, für alle Arbeitslosen eine angemessene Zahl von Plätzen bereitzustellen und anzubieten.

Reform der Arbeitslosenversicherung

Mit einem solchermaßen zu sichernden Recht auf Erwerbsarbeit wäre es angebracht, das System der Arbeitslosenversicherung zu reformieren und zwar sowohl die Art ihrer Finanzierung als auch die jeweilige Dauer ihrer Inanspruchnahme.

Bekanntlich wird heute die Arbeitslosenversicherung zu gleichen Teilen von Arbeitgebern und Arbeitnehmern aus der Lohnsumme finanziert. Kalkulatorisch erhöhen diese Beiträge die Personalkosten. Sie bringen deshalb einen Wettbewerbsnachteil des Menschen gegenüber der Maschine, benachteiligen die arbeitsintensiven Unternehmen und bevorzugen die kapitalintensiven. Diese Ungerechtigkeit könnte dadurch beseitigt werden, dass zwar der Arbeitnehmeranteil als Solidarbeitrag nach wie vor vom Bruttolohn abgezogen wird und deshalb Teil der Personalkosten bleibt, dass aber der Arbeitgeberanteil künftig aus der gesamten Wertschöpfung einschließlich des Exports, also des gesamten Unternehmenseinkommens bestehend aus Personalkosten, Zinsen und Gewinn (vor Steuern) errechnet wird. Dabei ist es besonders wichtig, die Kapitalkosten, also vor allem die Zinsen, in diese Rechnung einzubeziehen, also auch diese mit Sozialkosten zu belasten. Nach allgemein gültiger Vorstellung entsprechen die Kapitalkosten den Personalkosten. Sie dürften deshalb nicht von einer solchen Belastung ausgenommen werden. Ja, es wäre sogar zu überlegen, ob sie nicht durch die Abschreibungen zu erhöhen wären, da eine Verringerung des »Arbeitsmarktwerts« des Arbeitnehmers steuerlich auch nicht berücksichtigt wird.

Zwar ist es vom menschlichen Standpunkt aus wirklich eine erschreckende Vorstellung, den Menschen mit der Maschine in Vergleich zu setzen, doch schiene dies im vorliegenden Fall um der Gerechtigkeit für den Menschen willen durchaus angebracht zu sein, umso mehr als die übliche betriebswirtschaftliche Betrachtungsweise nicht anders vorgeht.

Was die Dauer der Inanspruchnahme der Arbeitslosenversicherung angeht, so wäre es denkbar, sie noch stärker als bisher von der Dauer der Erwerbstätigkeit und der Beitragszahlung abhängig zu machen. Wenn für jedes Jahr der Beitragszahlung ein Anspruch auf Versicherungsleistung von der Dauer eines Monats gewährt würde, so käme das vor allem den älteren Arbeitnehmern zugute, die üblicherweise die Hauptleidtragenden der Entwicklung sind. Nach dreißig Jahren Berufstätigkeit wäre beispielsweise die Inanspruchnahme der Arbeitslosenversicherung für die Dauer von dreißig Monaten gewährleistet.

Die zweite Stufe, nämlich die Arbeitslosenhilfe, könnte möglicherweise völlig entfallen, da ja für alle Erwerbswilligen eine ausreichende Zahl von Arbeitsplätzen zur Verfügung stünde. Soweit dadurch in einer Gesamtrechnung (unter Berücksichtigung des längeren Versicherungsanspruchs für ältere Arbeitnehmer) Mittel frei würden, könnten diese zur Finanzierung der ABM-Stellen verwendet werden.

Nach der Arbeitslosenversicherung gäbe es möglicherweise also nur noch den direkten Schritt zur Sozialhilfe.

Durch einen solchen Abbau der Arbeitslosenunterstützung entstünde natürlich ein enormer Druck auf die Arbeitslosen, nach Ablauf der Arbeitslosenversicherung eine der angebotenen Stellen anzunehmen. Deshalb müsste besonders sorgfältig geregelt werden, welche Arbeiten nach ihrer Belastung und Anforderung, nach ihrer Entfernung vom Wohnort und nach ihrer Bezahlung unter Rücksichtnahme auf die Menschenwürde der Betroffenen zumutbar sind.

Sozialhilfe oder Mindesteinkommen?

Ob nun die Sozialhilfe der immer wieder erhobenen Forderung nach Gewährung eines Mindesteinkommens entsprechend ausgebaut werden sollte, ist eine ganz andere Frage. Dabei ist mancherlei zu bedenken.

Zum einen läuft der Mensch Gefahr, bei einer öffentlichen Sicherung seines Lebensunterhalts psychisch zu verkommen. Die Ausübung einer angemessenen Erwerbsarbeit scheint eben doch eher Segen als Fluch zu sein. Jedenfalls vermag sie dem menschlichen Leben nicht nur Sinn und Bestimmung zu geben, sie gibt ihm auch einen zeitlichen Rhythmus und Rahmen, der wohl für die allermeisten außerordentlich hilfreich ist. Die Erfahrung scheint zu zeigen, dass die Gefahren für den Menschen bei fehlender Arbeit größer sind als umgekehrt. Vielleicht gilt das nur für Länder wie die Bundesrepublik, in denen der Mensch zur Dauermusse kaum geeignet ist, weshalb die Erwerbsarbeit bei uns einen hohen Stellenwert hat.

Zum anderen fördert ein solches System ein von der Leistungsbereitschaft unabhängiges Anspruchsdenken, wie wir es bei den verschiedensten Formen der Versicherung beobachten können, wo fast jeder versucht, mit möglichst geringem Einsatz möglichst viel herauszuholen. Darüber hinaus wird nichts dazu beigetragen, auch bei den anderen solidarisches und verantwortliches Denken und Handeln zu fördern. Im Gegenteil: Sie sehen nur den scheinbar ausreichend versorgten Müßiggänger, der für sie zum Schmarotzer wird und von ihnen durchgefüttert werden muss.

Bekanntlich können Solidarität und Verantwortung und letztlich auch Gemeinschaft nur im überschaubaren Raum wachsen. Das sind Bereiche von einer Größe, in denen die Menschen füreinander nicht nur Ziffern oder Zahlen sind sondern Gesichter, Namen und Schicksal haben. Um dieser Solidarität und Verantwortung und um der Tatsache willen, dass beides für jedes Gemeinwesen unverzichtbar ist, muss es zu einem Hauptanliegen jeder Sozialpolitik werden, die Entstehung solcher Räume zu fördern. Bezogen auf unser Anliegen heißt dies, dass Arbeitsplätze im dezentralen und bürgerverwalteten Bereich zu schaffen und zu finanzieren sind. Dabei ist es durchaus denkbar, dass die Beschäftigung vor allem von weniger stabilen Menschen durch professionelle Helfer, die bei den Arbeitsämtern, den Kommunen oder den Landkreisen angestellt sind, zu fördern, zu unterstützen und notfalls auch zu überwachen. Aber die Träger und damit die Garanten der Vollbeschäftigung sollten allemal dezentrale Gruppierungen sein, die auf diese Weise auch zu Lern- und Übungsfeldern für Solidarität und Verantwortung möglichst für jedermann werden. In einer Demokratie kann es ja nicht nur darum gehen, dass sich die Bürger in die Politik als Fordernde und Kritisierende einmischen, sie müssen auch lernen, immer mehr selbstverantwortlich zu denken und zu handeln.

Es besteht eine erhebliche Diskrepanz zwischen dem sozial hoch stehenden Anspruch auf staatliche Sicherstellung eines Mindesteinkommens für jedermann und der Wirklichkeit, in der die Arbeitslosen sozial isoliert werden, sind und bleiben. Viele von ihnen erleiden deshalb auf die Dauer in ihrem Menschsein Schaden. Diese Notlage wird auch durch mehr Geld nicht behoben, weil sie vor allem auf unsere Verhaltensweise und auf die Größe der sozialen Gruppen und Räume zurückzuführen ist. Bei Weiterentwicklung der oben beschriebenen Einsicht von der Bedeutung des »überschaubaren Raums«

wird deutlich, dass die Bereitschaft des Menschen zur Gewährung des Lebensunterhalts notfalls auch ohne entsprechende »Gegenleistung« umgekehrt proportional ist zur inneren und/oder äußeren Entfernung. Dabei ergänzen sich die Bereitschaft zur Solidarität und die Forderung nach Leistung jeweils zu hundert Prozent, wie die nachstehende Grafik zeigt.

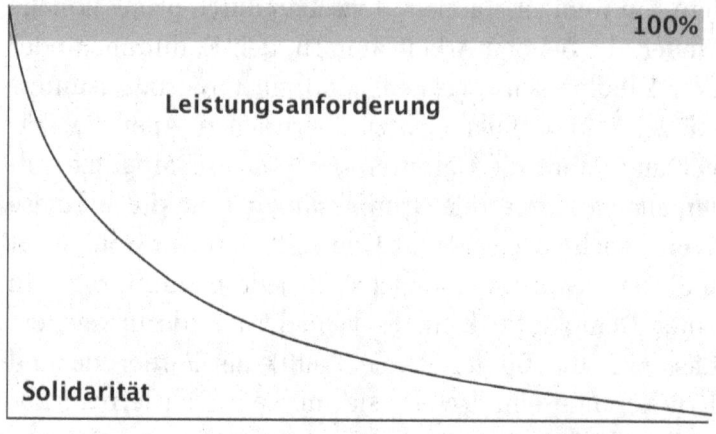

Grob ausgedrückt erkennen wir dabei von links nach rechts drei Abschnitte.

Im ersten Abschnitt (am linken Rand der Grafik), in der Kerngemeinschaft, ist es durchaus denkbar (tatsächlich auch üblich, z. B. in der Ehe gegenüber dem nicht erwerbstätigen Partner und kleinen Kindern, in manchen Ländern auch gegenüber den Eltern und Voreltern), durch solidarisches Denken und Handeln Einkommen zu verteilen bzw. zu gewähren und/oder den Lebensunterhalt unabhängig von einer zu erbringenden oder zu erwartenden »Gegenleistung« des Nutznießers zu finanzieren. Hier und nur in diesem Kreis hat die Vorstellung von einer völligen Trennung von Arbeit und Einkommen ihren Platz. Dabei mag es offen bleiben, wie groß die innere und äußere Entfernung zu sein vermag, um noch bei einer Solidaritätsbereitschaft von 100 % und einer Leistungsforderung von 0% bleiben zu können. Wichtig ist zu beachten, dass diese Grenze nicht überschritten werden darf, sollen böses Blut bei den zur Solidarleistung Gezwungenen und Anspruchsdenken bei den Nutznießern vermieden werden.

Bei wachsender Entfernung kommen wir in den nächst weiter liegenden Abschnitt, in dem sich im Mittelwert Solidarität und Leistungsforderung die Waage halten, also einerseits Leistung gefordert aber andererseits auch Solidarität geübt wird. Der Solidargedanke steht im Vordergrund, wenn etwa die Einkommenshöhe vor allem von den Bedürfnissen bestimmt wird und nicht von der Leistung. Im Gegensatz zu einer solchen Dauerlösung wird in unserer Großgesellschaft üblicherweise Solidarität nur in befristeter Form für Ausnahmesituationen gewährt, etwa bei der Lohnfortzahlung im Krankheitsfall. Hier wird bei krankheitsbedingter Berufsunfähigkeit in der Regel für die Dauer von sechs Wochen, also befristet, von Leistungsforderung auf Solidarität umgeschaltet.

Im äußerst rechten Abschnitt, also bei größter innerer und/ oder äußerer Entfernung regiert (fast) nur noch die Leistungsforderung. Er gilt deshalb vor allem für Handelsbeziehungen mit Lieferanten und Freiberuflern. Dabei werden in aller Regel feste Preise und sonstige Bedingungen ausgehandelt und vertraglich vereinbart. Irgendwelche Schwierigkeiten, die bei dem zur Leistung Verpflichteten auftreten, interessieren kaum. Ob der Partner bei den vereinbarten Konditionen auf angemessene Weise leben kann oder nicht, auch das wird wenig beachtet. Da diese Konditionen den Marktgesetzen von Kursschwankungen bis zum Preisverfall bei Überangebot oder schrumpfender Nachfrage unterworfen sind, kommen nicht selten üble Geschäftsbeziehungen zustande. Dabei wird der Schwächere rücksichtslos ausgebeutet und ausgeplündert, wie viele Arbeitsverhältnisse und Geschäftsbeziehungen im kleinen wie im großen - denken wir nur an die sogenannte Dritte Welt - deutlich machen.

In der Geschichte von den Arbeitern im Weinberg aus der griechischen Bibel[48] erzählt Jesus von einem Hausvater, der für die Arbeit in seinem Weinberg zu verschiedenen Zeiten Tagelöhner »dingte«[49] und ihnen allen am Abend denselben Lohn auszahlte, obwohl die einen, einen vollen Arbeitstag leisten mussten, während die zuletzt gedingten nur kurze Zeit zu arbeiten hatten. Das ist ein typisches Beispiel für einen Bedürfnislohn anstelle des Leistungslohns.

Mit dieser Geschichte liefert Jesus ein Modell für eine weitgehende Solidarität mit den gedingten Tagelöhnern

---

48 Matth. 20
49 man beachte, wie schon der Begriff deutlich macht, dass der Mensch auf diesem Weg zum Ding, zur Sache, zum Werkzeug zu werden droht.

(aber nur mit diesen), bei der die sonst übliche Leistungsforderung nur auf die mehr oder weniger lange Arbeitszeit bezogen bleibt. Der bezahlte Einheitslohn war nämlich ohne Zweifel ein Tagelohn und damit hoch genug, die nötigen Einkäufe zum Lebensunterhalt wenigstens für den nächsten Tag zu ermöglichen.

Es gilt - und das scheint ein Problem des geistigen Horizonts, des Bewusstseins und letztlich der Ethik zu sein - den zweiten Kreis immer weiter auszudehnen, um dem Gedanken der Solidarität mit den anderen bei aller Berechtigung der Leistungsforderung in wachsendem Maße Raum zu geben. Was im militärischen Denken die Vorstellung von einer Sicherheitspartnerschaft darstellt, wäre bei den Wirtschaftsbeziehungen die Rücksichtnahme auf die lebenswichtigen Interessen des jeweiligen Partners. Dabei sollte letztlich die innere und/oder äußere Entfernung an Bedeutung verlieren, wie es der Einführung des Begriffs des Nächsten in der jüdisch-christlichen Denkweise entspricht, und wie dies an der zitierten Geschichte von Jesus erkennbar wird.

Ein altes jüdische Bild macht die nötige Entwicklung besonders deutlich: Es heißt dort, das Ende der Nacht und der Beginn des Tages seien angebrochen, wenn wir im Antlitz eines Fremden den Bruder oder die Schwester zu erkennen vermögen. Darum geht es.

Die beschriebene Gliederung macht deutlich, in welcher Weise Solidarität und Leistungsanspruch in den Wirtschafts- und Sozialstrukturen, in die jeder einzelne von uns eingebunden ist, Wirklichkeit geworden sind. In den Großkirchen finden wir zwar mit dem Alimentationsprinzip für die Pfarrer - aber nur für diese - den innersten Kreis wieder mit dem Gedanken der solidarischen Einkommensgewährung ohne zwingende Leistungsforderung. Da aber der »Solidarkreis« zu groß ist, Solidarität also eigentlich nicht mehr von einer Gemeinschaft sondern von einer Institution ausgeht, geht der ursprüngliche Ansatz verloren, der zum sozialen Lernen der Solidarität sowohl für die Gebenden wie auch für die Nehmenden führt. In den Freikirchen, die ihre Pfarrer von der lokalen Gemeinde, also eher von lebendigen Gemeinschaften entlohnen, ist heute zumeist der zweite Abschnitt unserer Gliederung zu beobachten. Allerdings wird hier häufig genug mit klassischem Arbeitgeberdenken das Einkommen gewährt. Das heißt, an die Einkommensgewährung wird nicht nur ein Leistungszwang sondern auch noch ein detailliertes Weisungsrecht der Bezahlenden geknüpft. Dabei wird völlig übersehen, ja häufig genug nicht einmal mehr empfunden, dass sich in einer Solidargemeinschaft jedermann verpflichtet, entsprechend seinen Möglichkeiten und Beschränkungen in eigener Entscheidung innerhalb der entsprechenden Gremien, bestimmte Aufgaben zu übernehmen und zu erfüllen. Er tut das letztlich völlig unabhängig davon, ob er dafür von der Solidargemeinschaft mehr oder weniger große finanzielle Beiträge zur Sicherung seines Lebensunterhalts erhält[50]. Dass dabei der für solche Aufgaben »Freigestellte« und finanziell Abgesicherte mehr von diesen Aufgaben übernimmt als der beruflich an anderer

---

50 siehe auch »Weisungsrecht und Selbstbestimmung«

Stelle Eingespannte, ist eigentlich selbstverständlich umso mehr als dieser »Freigestellte« sich ja zumeist selbst für diese Aufgaben entschieden hat. Mit einem aus der Bezahlung abgeleiteten Weisungsrecht der Bezahlenden hat das aber nichts zu tun.

Da diese Strukturen von den meisten von uns kaum beeinflusst oder gar verändert werden können und da die Durchsetzung solcher Änderung auf dem Weg der politischen Arbeit viel Zeit braucht, wird es unverzichtbar, zusammen mit Gleichgesinnten eigene Strukturen zu schaffen, um die notwendig erachteten Veränderungen zu verwirklichen und auch um diese Solidarität im Sinne eines sozialen Lernen zu üben. Den idealen Rahmen dafür bietet die Bildung eines Solidarfonds, üblicherweise im Rahmen eines gemeinnützigen Vereins, durch den Freunde für die Arbeit an bestimmten Aufgaben, die der Gemeinschaft wichtig sind und die ehrenamtlich allein nicht geleistet werden können, »freigestellt« werden. Die Kosten für ihren Lebensunterhalt würden ganz oder teilweise von der Gemeinschaft getragen, d.h. aus dem Solidarfonds finanziert.

Weisungsrecht und Selbstbestimmung

Kaum irgendwo wird die Diskrepanz zwischen Anspruch und Wirklichkeit, zwischen ethischer Theorie und alltäglicher Praxis so deutlich wie in den Organisationsstrukturen unserer Arbeitswelt, wo Allmachtsdenken und Unentbehrlichkeitswahn tagtäglich Triumphe feiern und der Untertan als unentbehrliches Lebewesen gilt. Wenn die gängige Denk- und Verhaltensweise in Frage gestellt werden soll, so muss dies vor allem in unserer Arbeitswelt geschehen, umso mehr als die meisten Menschen einen Großteil ihrer Tageszeit darin verbringen und ihre Menschwerdung sehr stark davon abhängt.

Bei der Frage nach den optimalen Verwaltungs- und Führungsstrukturen in den verschiedenen Arbeitsstätten ist es wichtig, die Bereiche Verwaltung und Führung strikt zu unterscheiden. Nur Sachen und Dinge können verwaltet werden nicht aber Menschen, auch wenn wir dies nicht nur immer wieder vorgeben, wie schon die Bezeichnung vieler Ämter deutlich macht, sondern auch zu tun versuchen.

Strittig ist und der angemessenen Regelung bedarf im Verwaltungsbereich vor allem die Frage der Verfügungsrechte. Liegen sie zentral oder dezentral, oder haben wir es mit Mischformen von zentralen und dezentralen Verfügungsrechten zu tun. Wenn Verfügungsrechte an mehrere Stellen bzw. Personen gebunden sind, sind die Spielregeln wichtig, nach denen Entscheidungen gefällt werden: Im Konsens oder mehrheitlich. Möglicherweise gibt es immer noch die einsame Entscheidung »kraft Amtes«, also aufgrund einer höheren hierarchischen Position, bei der im Grenzfall sowohl Betroffenheit als auch Sachkenntnis als Faktoren der Berechtigung zur Teilnahme an der Entscheidungsfindung außer Kraft gesetzt werden.

Nach dem Vereinsrecht etwa werden Entscheidungsrechte »kraft Amtes« durch die Wahl eines Vorstandes eingerichtet und legitimiert. Sie lassen sich aber bei gutem Willen ganz einfach dadurch entschärfen, dass beispielsweise Vorstandssitzungen grundsätzlich für alle Vereinsmitglieder offen sind und diesen auch ein Mitsprache- und Mitbestimmungsrecht zugestanden wird. Damit solche Sitzungen nicht nur de jure sondern auch de facto allgemein zugänglich sind, mag es allerdings notwendig sein, sie auf einen in der Regel festen Termin zu legen, etwa jeden ersten Montagabend im Monat/Quartal, damit nicht durch Terminvereinbarungen und entsprechende Information bzw. fehlende Information in Wirklichkeit außer dem Vorstand niemand rechtzeitig Bescheid weiß. Jedenfalls müssen die Entscheidungsrechte im Innenverhältnis nicht unbedingt deckungsgleich sein mit den gesetzlich für das Außenverhältnis vorgegebenen. Das heißt, der gesetzlich vorgeschriebene und für klare Beziehungen im Außenverhältnis unverzichtbare Vorstand braucht im Innenverhältnis nicht al-

Weisungsrecht und Selbstbestimmung 147

lein entscheidungsberechtigt zu sein. Andere in den Prozess der Entscheidungsfindung einzubeziehen braucht allerdings eine klare Regelung etwa unter Rücksichtnahme auf die Grundsätze der Betroffenheit und der Sachkenntnis. Im übrigen sind Offenheit und Transparenz unverzichtbare Grundanliegen.

Nicht selten werden im Alltag solche eher kniffligen und die wirkliche Denk- und Verhaltensweise entlarvenden Fragen ganz einfach dadurch umschifft, dass alle möglichen Leute alle möglichen Mitbestimmungsrechte haben, die entscheidenden Verfügungsrechte aber, nämlich die über Geld, klar auf die »Amtsträger«, wie es so schön heißt, beschränkt bleiben. Damit wird in der Machtfrage eine klare, wenn auch deprimierende Entscheidung gefällt. Schließlich entscheidet die Verfügbarkeit oder Nicht-Verfügbarkeit von Geld letztendlich nicht nur über unseren Umgang mit Sachen oder Dingen sondern auch über die Beschäftigung und Bezahlung von Menschen. Das Geld wird zum entscheidenden Machtfaktor.

Aber das sind alles Probleme zweitrangiger Bedeutung, obwohl natürlich die Rücksichtnahme auf die Menschenwürde bzw. die Gottebenbildlichkeit des Menschen sehr wohl auch mit Verfügungsrechten vor allem über Geld zu tun hat, wie das nachstehende Beispiel zeigt:

Die Planstelle einer Sekretärin eines Pfarramts der Erzdiözese Freiburg war im Zuge kirchlicher Sparmaßnahmen immer weiter beschnitten worden, zuerst von einer Vollzeitstelle zu einer Teilzeitstelle und schließlich zu einem wöchentlichen Stundenpensum, das unterhalb der Sozialversicherungsgrenzen lag und dem Arbeitgeber deshalb weitere Einsparungen ermöglichte. Der zuständige Pfarrer wehrte sich nach Kräften gegen diese Entwicklung. Er wäre auch bereit gewesen, einen Teil seines Einkommens (auf der Bruttolohnseite natürlich) zugunsten seiner Sekretärin abzutreten, um dieser die für sie existentiell problematische Einkommenskürzung zu ersparen. Alle Mühe blieb ohne Erfolg.

Diese Geschichte macht zweierlei deutlich:

Zum einen ist es legitimes Recht der Kirchenleitung entsprechend der Einkommensentwicklung sprich Kirchensteuersumme Einsparungen zu beschließen. Solche Beschlüsse müssen auch an die dadurch betroffenen Stellen weitergegeben werden. Damit hört die Entscheidungsbefugnis der Leitung aber auch schon auf. Selbst wenn die Zusammenfassung aller Einkommensquellen in den Großkirchen an zentraler Stelle, also auf der Ebene der Diözesen bzw. Landeskirchen, nicht in Frage gestellt wird, so muss doch die allgemeine Verteilungspraxis kritisiert werden. Das ist der zweite Punkt.

Diese Verteilungspraxis ist nämlich mit einem positiven Menschenbild, der Gottebenbildlichkeit des Menschen, nicht zur Deckung zu bringen. Darüber hinaus erhält der kirchliche Mitarbeiter »amtlicherseits« keine Gelegenheit, eines der zentralen christlichen Anliegen,

Weisungsrecht und Selbstbestimmung 149

nämlich das Teilen bzw. die Solidarität auch beruflich ein- und auszuüben.

Das wäre ziemlich leicht zu erreichen mit einer Regelung, die zwar die Stellenpläne und die Einkommensstrukturen entsprechend den Tarifverträgen bzw. tarifvertragsähnlichen Vereinbarungen beschließt, daraus aber nur Gesamtsummen für bestimmte Funktionsgruppen, z. B. eine Stadtgemeinde oder ein Dekanat, verbindlich festlegt. Die Aufteilung dieser Gesamtsummen sollte aber den Funktionsgruppen überlassen bleiben, denen auf diese Weise eine Verteilungsautonomie gewährt würde. Damit bei einer solchen Verteilung nichts auf Dauer und mit Folgelasten für Stellennachfolger festgeschrieben wird, müßte es genügen, Abweichungen von der Normverteilung entsprechend den Stellenplänen und der damit verbundenen Einstufung zeitlich zu befristen und somit immer wieder neu auszuhandeln und zu vereinbaren.

Wo soll denn das Teilen und die Solidarität wirklich geübt und ausgeübt werden, wenn nicht im Arbeitsverhältnis und beim Arbeitseinkommen, wie dies am nächsten Beispiel sichtbar wird (schließlich soll ja auch etwas Positives zur Sprache kommen):

In einem Nachsorgekrankenhaus im Schwäbischen waren vom Stellenschlüssel her 2,5 Arztstellen vorgesehen. Als die frei werdende halbe Stelle von einem Familienvater besetzt werden sollte, der mit einem halben Einkommen seinen finanziellen Verpflichtungen nicht hätte nachkommen können, entschieden sich die anderen Ärzte mit Zustimmung ihres Trägers kurzerhand, alle 2,5 Stellen in einen Topf zu werfen und durch 3 zu teilen. Mit über 80 % eines Normaleinkommens kommen alle drei mit ihren Familien finanziell recht gut über die Runden. Es geht also durchaus auch anders. Zumeist fehlt es aber weniger an der Bereitschaft der Beteiligten als an der Struktur und vor allem an der Sturheit des Arbeitgebers. Und das ist schade.

Neben der Aufdeckung der Problematik, die sich mit den Verfügungsrechten, vor allem über Geld, verbindet, ist die Einsicht wichtig, dass der Mensch nicht verwaltet werden kann und darf, wenn er nicht Untertan sein, zum Objekt herabgewürdigt und der Würde seiner Gottebenbildlichkeit verlustig gehen soll.

Diese Forderung scheint zunächst nicht mehr zu sein als ein hehrer ethischer Anspruch, dem die alltägliche Wirklichkeit in unseren Organisationen, auch der kirchlichen, nicht gerecht zu werden vermag. Und doch ist die christliche Sozialethik, die diesen Fragen nachgegangen und zu ziemlich radikalen Schlussfolgerungen gekommen ist, in der modernen Managementlehre und in deren Verwirklichung in fortschrittlichen Wirtschaftsunternehmen sehr viel mehr sicht- und greifbare Wirklichkeit geworden, als den allermeisten Kirchenmännern bekannt ist. Tatsächlich hinken die meisten Kirchenämter und anderen Einrichtungen in ihren Organisationsstrukturen weit hinter dem heutigen Entwicklungsstand der Managementtheorie und -praxis her. Das

Weisungsrecht und Selbstbestimmung

ist höchst bedauerlich, weil die christliche Sozialethik wichtige theoretische Vorarbeiten für die Entwicklung der Managementtheorie geleistet hat, auch wenn dies nur selten eingeräumt wird. Die Gründe dafür mögen zum einen darin liegen, dass die Vertreter modernen Managements nur selten irgendwelche religiöse oder gar kirchliche Bindungen eingestehen. Zum anderen ist die Diskrepanz zwischen Anspruch und Wirklichkeit, konkret zwischen Sozialethik und organisatorischer Realität in der Kirche, zumeist »eine Schande für die Innung«, so dass selbst von wohlmeinender Seite die beschriebene Verbindung zwischen christlicher Sozialethik und modernem Management verschämterweise nicht öffentlich aufgezeigt wird.

Damit nicht der Eindruck einer polemischen Schrift entsteht, ist es notwendig, Anspruch und Möglichkeit in dieser Sache zu beschreiben.

In der großartigen Schrift »Vision« der CARITAS, werden als »Grundsätze, Ziele und Strategien für die stationäre Altenhilfe in den 90er Jahren« die Begriffe »Personalität, Subsidiarität, Solidarität und Universalität« als die Grundbegriffe der katholischen Sozialehre beschrieben. Unter »Subsidiarität« ist folgendes zu lesen:

»Aus der Persönlichkeit des Menschen ergibt sich das Grundprinzip der Subsidiarität....

In der Gestaltung jeder menschlichen Gemeinschaft stehen dem Einzelnen und den jeweils kleineren Gruppen das Recht und die Pflicht zu, ihre Angelegenheiten selbst zu ordnen, soweit sie es vermögen. Sind sie dazu nicht in der Lage, so geben tragfähige Partner Hilfe zur Selbsthilfe. Selbst eine notwendige Hilfe auf Dauer ist Hilfe zur Selbsthilfe, denn sein Leben lebt jeder Mensch selbst.«

Was bedeutet dies konkret in der Organisations-Praxis, und was sagt die moderne Managementlehre dazu?

Die wichtigste und radikalste Konsequenz daraus ist der Verzicht auf das Weisungsrecht.

Ein solcher Satz lässt zunächst jedem konservativen Organisationsfachmann die Haare zu Berge stehen. Und doch funktioniert dieses Prinzip. Dabei geht es natürlich nicht darum, jedermann das Recht einzuräumen, nach Belieben zu schalten und zu walten, ohne auf Weisungen »von oben« Rücksicht nehmen zu müssen. Das würde ja dem Chaos Tür und Tor öffnen. Vielmehr werden dabei nach den Grundsätzen des »Management by Objectives« (MbO), also der Führung durch Zielvereinbarung, ähnlich wie bei der Aushandlung von Verträgen zwischen Gleichberechtigten sogenannte Zielvereinbarungen getroffen. Diese Verhandlungen zur Vereinbarung von Zielen werden in regelmäßigen Abständen geführt und zwar zunächst für eine Art Grundsatzvereinbarung vor bzw. bei der Einstellung des Bewerbers und später normalerweise in jährlichem Abstand, wobei die Grundsatzvereinbarung automatisch regelmäßig auf den neuesten Stand gebracht wird.

Die Grundsatzvereinbarung und deren jährliche Ergänzung treten üblicherweise an die Stelle der weit verbreiteten Stellenbeschreibung. Sie unterscheiden sich von dieser vor allem dadurch, dass sie bewußt als dynamisch und veränderlich betrachtet und behandelt werden und nicht als statisch, wie dies bei Stellenbeschreibungen zumeist der Fall ist. Letztere werden ja häufig genug bei der Einstellung oder gar nur bei der Einrichtung der Planstelle einmalig ausgearbeitet und schlummern dann jahrelang vor sich hin, so dass sie schließlich zu Museumsstücken werden, die einer längst vergangenen Zeit entsprechen.

Da die Verhandlungen über die Grundsatzvereinbarung nur dann zur Einigung führen, wenn die Aufgaben so erfüllt werden sollen, wie dies im Zusammenhang der gesamten Organisation nach der Interpretation der Einstellenden richtig zu sein scheint, werden natürlich nur solche Bewerber eingestellt, deren eigene Vorstellungen nicht im Gegensatz zu den Gesamtzielen stehen. Wildwuchs ist also trotz Verzicht auf Weisungsbefugnisse ausgeschlossen. Das gilt auch für die jährlichen Ergänzungsvereinbarungen, so dass die Sorge konservativer Dirigisten eigentlich unbegründet ist.

Die Einhaltung bzw. Erfüllung der Zielvereinbarungen wird regelmäßig gemeinsam überprüft. Dabei wird erkennbar, wie wichtig bei den Zielvereinbarungen Transparenz in der Aufgabenbeschreibung und im Zeitablauf ist. Es muss klar sein, wie der Betroffene seine Aufgaben mit welcher Unterstützung durch welche Personen und mit welchen Hilfsmitteln und vor allem zu welchen Zeitpunkten zu erfüllen hat.

Der überschaubare Umfang und die überschaubare Zeit sind dabei wichtig. Die meisten Menschen sind nicht in der Lage, komplexe Aufgaben über längere Zeiträume selbstverantwortlich zu gliedern und zu bewältigen und die Ausdauer für den dabei entstehenden großen Spannungsbogen aufzubringen. Darauf muss Rücksicht genommen werden. Das lässt sich am einfachsten dadurch erreichen, dass große Aufgaben in Teilaufgaben oder Abschnitte aufgeteilt und dafür entsprechende Zeitpunkte vereinbart werden. So lässt sich die Zielvereinbarung etwa für einen umfangreichen Bericht leichter einhalten, wenn für jeden Abschnitt oder jedes Kapitel des Berichts ein Zeitpunkt zur Fertigstellung festgelegt ist. Diese Aufgliederung liefert nicht nur mehrere Kontrollpunkte für die Eigen- und Fremdkontrolle. Sie liefert auch die vor allem für die Motivation außerordentlich wichtigen Anlässe für Erfolgserlebnisse.

Werden bei der gemeinsamen Überprüfung der Zielvereinbarungen Diskrepanzen zwischen Vereinbarung und Wirklichkeit sichtbar oder ergeben sich in der Zusammenarbeit zwischen mehreren Mitarbeitern Schwierigkeiten, die diese nicht selbst zu bereinigen in der Lage sind, dann tritt der Vorgesetzte in Aktion. Unter dem Begriff »Management by Exception« (MbE) hat er das Recht, im Ausnahmefall regelnd einzugreifen, also die Selbstbestimmungsrechte der jeweiligen Mitarbeiter außer Kraft zu setzen - aber eben nur im Ausnahmefall.

Weisungsrecht und Selbstbestimmung

Durch MbO und MbE ändert sich die klassische Rolle des Vorgesetzten auf drastische Weise. Die Führungsaufgabe verschiebt sich dadurch tatsächlich von einer herrschenden zu einer dienenden. Sie zielt in erster Linie darauf ab, die Funktionen der zu Führenden auf gemeinsame Ziele hin zu koordinieren und dies bei den Zielvereinbarungen und bei deren Erfüllung sicherzustellen. Die Aufgabe des Vorgesetzten zielt also vor allem darauf ab, den anderen bei der Erfüllung ihrer Aufgaben behilflich zu sein.

Ein einfaches Beispiel zeigt, dass der beschriebene Weg durchaus sinnvoll und gangbar ist:

Wenn sich jemand entschließt, in einem Unternehmen als Fahrer zu arbeiten, so wird natürlich Vertragsbestandteil, wer ihm unter welchen Bedingungen und Voraussetzungen sagt, welche Aufgaben er als Fahrer zu erledigen hat. dass diese Information kein Weisungsrecht im eigentlichen Sinn darstellt, zeigt schon die schlichte Tatsache, dass sie durchaus von einem »hierarchisch« und einkommensmäßig niedriger stehenden Kollegen, etwa einem Disponenten, kommen kann und nicht von einem klassischen Chef mit Weisungsrecht. Entscheidend wäre bei diesem konkreten Beispiel die Entscheidung über die Fahrstrecke, bei der ohne Zweifel der Fahrer durch seine tagtägliche Erfahrung die kompetentere Person ist, die zum Beispiel Baustellen und Stoßverkehr in zeitlichen Engpässen besser vermeiden kann als dies bei einer stur nach der Landkarte am Schreibtisch erdachten Streckenvorgabe geschehen könnte.

Das Vermächtnis Jesu wird auf diesem Weg zur organisatorischen Möglichkeit. Wie wir alle wissen, sagte er den Überlieferungen zufolge am letzten Abend: »Bei euch muss es anders sein. Der Höchste unter euch muss wie der Niedrigste sein und der Führende wie der Untergebene.« Und auch dem Anliegen des Subsidiaritätsprinzips, Macht und Entscheidungsbefugnisse nur dann auf höhere hierarchische Stufen zu verlagern, wenn die jeweils untere Stufe aus welchen Gründen auch immer überfordert ist, wird durch das MbE-Prinzip Rechnung getragen.

Die durch MbE möglichen Eingriffe »von oben« entsprechen auch der von Martin Buber für weitgehend herrschaftsfreie Strukturen beschriebenen Regel, wonach auf allen gesellschaftlichen Ebenen Zwangsmaßnahmen (nur) bis zu den Grenzen der Eigenverantwortung notwendig und zulässig sind. Dabei ist allerdings entscheidend, ob der strittige Graubereich zwischen Eigen- und Fremdverantwortung bzw. Selbst- und Fremdbestimmung aus einem eher dirigistischen oder patriarchalischen Pessimismus (»es geht ja doch schief«) verbunden mit einem negativen Menschenbild (»der Mensch ist böse von Jugend auf«) »von oben« beansprucht wird, oder ob dieser Graubereich bis an die kritische Grenze als Lern- und Übungsfeld zugestanden wird, auch wenn dabei hin und wieder etwas schiefgeht, ganz einfach, um dem Menschen eine Möglichkeit zu bieten, zu wachsen und zu reifen.

Grafisch läßt sich dies wie folgt darstellen:

Weisungsrecht und Selbstbestimmung

Durch MbO und MbE ändert sich die klassische Rolle des Vorgesetzten auf drastische Weise. Die Führungsaufgabe verschiebt sich dadurch tatsächlich von einer herrschenden zu einer dienenden. Sie zielt in erster Linie darauf ab, die Funktionen der zu Führenden auf gemeinsame Ziele hin zu koordinieren und dies bei den Zielvereinbarungen und bei deren Erfüllung sicherzustellen. Die Aufgabe des Vorgesetzten zielt also vor allem darauf ab, den anderen bei der Erfüllung ihrer Aufgaben behilflich zu sein.

Ein einfaches Beispiel zeigt, dass der beschriebene Weg durchaus sinnvoll und gangbar ist:

Wenn sich jemand entschließt, in einem Unternehmen als Fahrer zu arbeiten, so wird natürlich Vertragsbestandteil, wer ihm unter welchen Bedingungen und Voraussetzungen sagt, welche Aufgaben er als Fahrer zu erledigen hat. dass diese Information kein Weisungsrecht im eigentlichen Sinn darstellt, zeigt schon die schlichte Tatsache, dass sie durchaus von einem »hierarchisch« und einkommensmäßig niedriger stehenden Kollegen, etwa einem Disponenten, kommen kann und nicht von einem klassischen Chef mit Weisungsrecht. Entscheidend wäre bei diesem konkreten Beispiel die Entscheidung über die Fahrstrecke, bei der ohne Zweifel der Fahrer durch seine tagtägliche Erfahrung die kompetentere Person ist, die zum Beispiel Baustellen und Stoßverkehr in zeitlichen Engpässen besser vermeiden kann als dies bei einer stur nach der Landkarte am Schreibtisch erdachten Streckenvorgabe geschehen könnte.

Das Vermächtnis Jesu wird auf diesem Weg zur organisatorischen Möglichkeit. Wie wir alle wissen, sagte er den Überlieferungen zufolge am letzten Abend: »Bei euch muss es anders sein. Der Höchste unter euch muss wie der Niedrigste sein und der Führende wie der Untergebene.« Und auch dem Anliegen des Subsidiaritätsprinzips, Macht und Entscheidungsbefugnisse nur dann auf höhere hierarchische Stufen zu verlagern, wenn die jeweils untere Stufe aus welchen Gründen auch immer überfordert ist, wird durch das MbE-Prinzip Rechnung getragen.

Die durch MbE möglichen Eingriffe »von oben« entsprechen auch der von Martin Buber für weitgehend herrschaftsfreie Strukturen beschriebenen Regel, wonach auf allen gesellschaftlichen Ebenen Zwangsmaßnahmen (nur) bis zu den Grenzen der Eigenverantwortung notwendig und zulässig sind. Dabei ist allerdings entscheidend, ob der strittige Graubereich zwischen Eigen- und Fremdverantwortung bzw. Selbst- und Fremdbestimmung aus einem eher dirigistischen oder patriarchalischen Pessimismus (»es geht ja doch schief«) verbunden mit einem negativen Menschenbild (»der Mensch ist böse von Jugend auf«) »von oben« beansprucht wird, oder ob dieser Graubereich bis an die kritische Grenze als Lern- und Übungsfeld zugestanden wird, auch wenn dabei hin und wieder etwas schiefgeht, ganz einfach, um dem Menschen eine Möglichkeit zu bieten, zu wachsen und zu reifen.

Grafisch läßt sich dies wie folgt darstellen:

Weisungsrecht und Selbstbestimmung

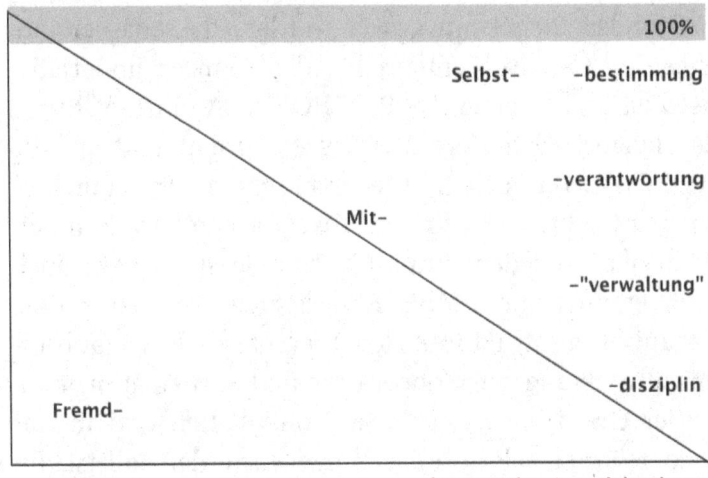

In jeder gemeinschaftlichen Situation, von der Familie über die Gemeinschaft, das Unternehmen bis zur Großgesellschaft müssen sich zur Regelung eines allgemein zuträglichen Gemeinschaftslebens Selbstbestimmung, -verantwortung und -disziplin - grafisch dargestellt - auf die Summe von 100% ergänzen durch Fremdbestimmung, -verantwortung und -disziplin. Je mehr die Struktur autoritär/dirigistisch ist, desto stärker liegt der Schwerpunkt auf »Fremd-...«, d.h. das meiste wird »von oben« auferlegt«. Je mehr die Struktur kooperativ/partizipativ ist, desto stärker muss sich der Schwerpunkt zur Selbststeuerung (»Selbst-...«) hin verschieben. Das ist an der Grafik deutlich erkennbar. An der Senkrechten am äußerst linken Rand herrscht die Fremdbestimmung, während an der Senkrechten am äußerst rechten Rand die Selbstbestimmung gilt. Dazwischen gibt es verschiedene Abstufungen bzw. Kombinationen zwischen beiden Extremen, wie die Senkrechte, an jedem beliebigen Punkt unserer Grafik gezogen, deutlich machen kann.

Grundsätzlich kann gesagt werden, dass das erstere eher den Caesaren entspricht, also römisch-imperialistisch ist und zu einer Art PAX ROMANA führt, während das letztere eher dem Messias entspricht und auf die PAX CHRISTI abzielt. Dass es in einem erst »angebrochenen Gottesreich« immer Mischformen zwischen beidem gibt, ist jedem Praktiker klar. Deshalb wird auch MbO ergänzt durch MbE. Entscheidend ist aber, ob die Organisationsstrukturen den Weg, also die Organisationsentwicklung, zur Kooperation und Partizipation, d. h. in der Grafik nach rechts hin, offenhalten und immer wieder öffnen oder ob das Umgekehrte der Fall ist. Im einen Fall geht es um ein wachsendes Maß an Freiheit, im anderen um »von oben« auferlegten Zwang. dass das wachsende Maß an Freiheit ergänzt werden muss um ein gleiches Maß an Verantwortungsbereitschaft, versteht sich von selbst, sind doch Freiheit und Verantwortung die beiden verschiedenen Seiten derselben Münze.

Die Arbeitsweise nach den Prinzipien MbO und MbE macht es also möglich, in Organisationen jeder Art, nicht nur in hehrer Theorie und entsprechend dem guten Willen Einzelner, sondern auch in der tagtäglichen Praxis schon in ihren Strukturen, hohen ethischen Ansprüchen gerecht zu werden.

Dass dabei von Organisationsentwicklung (amerikanisch »Organisational Development oder OD) die Rede ist, zeigt eine weitere Einsicht moderner Mangementlehre. Dabei wird der Tatsache Rechnung getragen, dass organisatorische Veränderungen in aller Regel nicht nur

Verhaltens- sondern auch Bewusstseinsveränderungen voraussetzen bzw. zur Folge haben. Und das braucht bekanntlich Zeit. Es ist deshalb nicht von dramatischen, revolutionsartigen Umbrüchen die Rede sondern von der Bereitschaft zu kontinuierlicher Veränderung. Allerdings sollte diese Einsicht nicht dazu missbraucht werden, in guter kirchlicher Tradition mit dem Maßstab von Jahrhunderten zu arbeiten. Die Zeit ist uns ohnehin schon weggelaufen. Und Jesus sagte ja nicht: »Ihr seid das Rücklicht der Welt.«

Eines der massivsten Bollwerke, die im Zuge dieser kontinuierlichen Veränderung zum Einsturz kommen sollten, ist das Recht zur einseitigen Beurteilung von »untergebenen« Mitarbeitern für deren Personalakte. Diese Beurteilung wird in aller Regel einmal jährlich durchgeführt und dann in einem Beurteilungsgespräch zwischen Vorgesetztem und Untergebenem offengelegt. Dabei ist nicht selten strittig, wie weit die Offenlegung geht; ob beispielsweise der Mitarbeiter jederzeit Einsicht in seine Personalakte nehmen kann oder nicht.

Zu einem Beurteilungssystem, das unseren ethischen Einsichten entspräche, würde gehören, dass es zu einer gegenseitigen Beurteilung zwischen all denen kommt, die regelmäßig miteinander Zusammenarbeiten und dadurch einander nicht nur kennenlernen, sondern auch in ihrer Aufgabenerfüllung voneinander abhängig sind. Diese Art der Bewertung sollte weniger eine Beurteilung sein, weil diese leicht zur Verurteilung abgleitet, sondern eher eine subjektive Feststellung des Eigen- und Fremdbildes verschiedener persönlicher Eigenschaften und Funktionen. Eigen- und Fremdbilder sind in diesem Prozess im Dialog zu vergleichen, um Schwachstellen, Missverständnisse und Fehleinschätzungen offenzulegen und damit korrigieren zu können.

Ich erinnere mich an eine Begebenheit, wo in einem solchen Prozess ein Mitarbeiter bei der Frage nach der Fähigkeit zuzuhören sich selbst eine hohe Punktzahl zugestand, also die Meinung vertrat, er sei ein guter Zuhörer, während alle seine Kommunikationspartner ihm eine niedrige Punktzahl gaben. Die dabei offensichtliche Diskrepanz zwischen Eigen- und Fremdbild wurde zum Anlass für ein klärendes Gespräch genutzt, das sich für alle Beteiligten als außerordentlich hilfreich und befreiend erwies.

All dies macht deutlich, dass die einseitige Betonung der Frage der Aufgabenerfüllung allein nicht ausreicht, gesunde lebendige Organisationsstrukturen zu entwickeln. Die moderne Managementlehre besagt, dass neben der »Lokomotion«, also der Förderung der zielgerichteten Aufgabenerfüllung, der »Kohäsion«, also dem innerem Zusammenhalt der Mitarbeiter, gleichrangig Aufmerksamkeit zu schenken ist. Bei näherem Hinsehen entpuppen sich die Begriffe »Lokomotion« und »Kohäsion« als alter christlicher Tradition entstammend. Sie entsprechen nämlich nicht nur dem kollektiven, sondern auch dem individuellen Innen und Außen und sind somit auch den Begriffen »Beten und Arbeiten« oder »Glaube und Werke« verwandt.

Weisungsrecht und Selbstbestimmung 161

Konkret bedeutet dies, dass es nicht nur die fachlich-sachliche Aus- und Fortbildung zu fördern gilt sondern auch die Fähigkeit zur Zusammenarbeit und zur freundschaftlich-warmherzigen Konfliktbewältigung. Wie die allgemeine Erfahrung zeigt, fehlt es dabei nicht selten an den allereinfachsten Dingen. Wenn ich mir nur eine aufwendig aufgezogene Konferenz zur Lösung irgendwelcher Aufgaben ansehe, dann ist schon am oft sehr unproduktiven Ablauf zu erkennen, dass die meisten Beteiligten keine Ahnung von einem optimal durchgezogenen Entscheidungsprozess haben. Es kommt ja nicht selten vor, dass der eine schon von Lösungsansätzen faselt, während der zweite noch nicht einmal begriffen hat, um was es geht (er hat nicht die Vorlage gelesen). Der dritte schläft, während der vierte seine Aufgabe vor allem darin sieht, seine Position zu verteidigen, und der fünfte ist in einen Grabenkrieg gegen den sechsten verwickelt. Kein Wunder, dass die Ernte nach stundenlangen Debatten mager ist.

Die allgemeine Kenntnis normaler Konferenztechniken würde natürlich keine besseren Menschen aus den Teilnehmern machen, und doch würde deutlich, wie amateurhaft und lächerlich sich viele geben und zwar sowohl die Lokomotion als auch die Kohäsion betreffend. Das allein könnte, wie Beispiele zeigen, eine sehr heilsame Wirkung haben.

Sich für solche Dinge die nötigen Kenntnisse und Fähigkeiten anzueignen, ist aber weniger eine Frage des

Wollens oder Nicht-wollens. Es wird mehr und mehr zu einer Frage des Müssens.

Unsere Organisationsstrukturen verändern sich von hierarchischen Tannenbaumstrukturen mit isolierten Einzelkämpfern zu lebendigen Organismen mit vernetzten Strukturen mehr oder weniger autonomer Teams. Auch die Kirche und ihre verschiedenen Einrichtungen können sich dieser Entwicklung auf Dauer nicht verschließen.

Zur Blindheit der EKD in ihrer Denkschrift

Auf geradezu gespenstische Weise macht die im Herbst 1991 herausgegebene Wirtschaftsdenkschrift der Evangelischen Kirchen Deutschlands (EKD) deren Verflechtung und Verfilzung mit dem »westlichen« Wirtschaftssystem deutlich, eine Verfilzung, die den übleren Beispielen der Haltung der Kirche zum Gesellschaftssystem weder im sogenannten Dritten Reich noch in der ehemaligen DDR nachstehen dürfte. Diese Verflechtung ist allerdings nicht nur bei den evangelischen Kirchen zu finden. In allen großen Kirchen Deutschlands ist eine große Einmütigkeit mit den wirtschaftspolitischen Grundüberzeugungen unseres Landes zu beobachten. Das ist allerdings nicht weiter verwunderlich, werden diese Grundüberzeugungen doch in einer Art gesellschaftlichen Konsens auch von allen großen deutschen Parteien getragen. Zu diesem Grundkonsens liefern auch die Kirchen ihren der Mehrheit wohlgefälligen Beitrag.

Im Analysenteil ist die Denkschrift erfreulich aufrichtig, d.h auch kritisch, wobei allerdings ihre Kritik nicht grundsätzlicher sondern allenfalls kosmetischer Art ist und sich auf bestimmte Einzelpunkte richtet, etwa das Ziel der Arbeitgeber, mehr und mehr zur Sonntagsarbeit überzugehen, ein Ziel, dem die Kirchen zusammen mit den Gewerkschaften große Widerstände entgegensetzen. Wenn es aber darum geht, nach dem Analysenteil nicht nur Fragen zu stellen, sondern von der biblischen Tradition zu versuchen, Antworten zu finden, dann bleibt das Papier merkwürdig leer. Und so singen die evangelischen Kirchen mit dieser Denkschrift ihren Part im großen Jubelchor, einen Part, der ebenso gut von irgendwelchen liberalen kirchenfremden Wirtschaftsfachleuten komponiert worden sein könnte. Die theologischen Ausführungen wirken eher aufgesetzt und bleiben Fremdkörper. Sie sind erkennbar von anderen verfasst als den Autoren des Wirtschaftsteils und haben mit diesem wenig oder nichts zu tun. Es gelingt nicht, von den jüdisch-christlichen Überlieferungen und von der Theologie her Maßstäbe zur Bewertung von Theorie und Praxis unserer Wirtschaft zu entwickeln und zeitgemäße Folgerungen abzuleiten.

Bedauerlicherweise erreicht die Denkschrift in der Bestandsaufnahme kaum das kritische Niveau des Nordsüdreports der Brandt-Kommission oder des Berichts »Global 2000« der Carter-Kommission. Wegweisende Impulse, wie sie aus einer jesuanischen Interpretation der biblischen Maßstäbe nicht nur zu erwarten wären, sondern von einer immer hilfloser werdenden Öffentlichkeit gar zu fordern sind, fehlen fast völlig. So verliert sich der dritte Teil der Denkschrift, in dem es um »Wirtschaft als Ort christlicher Verantwortung« geht, in abgehobenen Sprüchen, die in ihrer Unverbindlichkeit schon daran erkennbar sind, dass sie wie ähnliche Verlautbarungen anderer Kirchen von jedermann, Biedermann oder Beutelschneider, ohne Zögern und ohne Gewissensbisse nachgeplappert werden könnten. Das beginnt mit der Frage »Was bedeutet es, Wirtschaft als Ort christlicher Verantwortung zu verstehen?« (Seite 46[51]). Dem folgt auf derselben Seite der hochtrabende Anspruch: »Die Kirche ist dabei geleitet von dem biblischen Zeugnis von der Gerechtigkeit Gottes und von der Botschaft der Liebe Gottes....«, ein Anspruch, der sich insgesamt als Leerformel erweist. Wenn da wenigstens bescheidenerweise eingeräumt würde, dass es um den Versuch geht, dieses biblische Zeugnis zu interpretieren. Aber das nicht weiter tragisch, der Rückzieher kommt ohnehin gleich anschließend: »Fragen der Wirtschaftsordnung sollen damit nicht in den Rang von Bekenntnissen erhoben werden.« Damit dies auch für jedermann hinreichend klar wird, heißt es später »Die Bibel ist jedoch kein Rezeptbuch, aus dem unmittelbar Anweisungen für bestimmte Maßnahmen in Wirtschaft und Politik entnommen werden können.« (Seite 49) Wie der Bericht zeigt, geht es nicht einmal darum, mittelbar Anweisungen aus der Bibel abzuleiten. Unmittelbares hätte ohnehin wohl kaum jemand erwartet.

Dabei werden ganz offensichtlich unterschiedliche Maßstäbe angelegt. So nimmt die Frage der Sabbatruhe (erfreulicherweise) einen breiten Raum ein, während in der Geldfrage das biblische Zinsverbot mit keinem Wort auch nur erwähnt wird, dass die Sabbatruhe in den zehn Geboten zu finden ist, das Zinsverbot dagegen »nur« ein Teil der mosaischen, sprich göttlichen Weisung ist, kann dieses Versäumnis nicht entschuldigen, umso mehr also

---

51 Seitenzahlen nach der Dokumentation EPD 42/91

unsere Art der Geldwirtschaft ständig große Menschenopfer fordert.

Um alle mögliche Beunruhigung zu vermeiden, wird die Unverbindlichkeit der biblischen Ethik für unsere Gottesbeziehung noch unterstrichen: »Das Maß unserer ethischen Verantwortung ist nicht das Maß, nach dem wir von Gott gemessen werden« (Seite 49). Auch im Zusammenhang genommen, bleibt dies ein böses Wort ganz besonders in einer wirtschaftsethischen Denkschrift, bedeutet es doch letztlich, dass die Misshandlung und der Untergang von Mensch und Natur als Folge einer vom Menschen aktiv gestalteten wirtschaftlichen Fehlentwicklung mit unserer Gottesbeziehung wenig oder gar nichts zu tun hat.

Überdies steht diese Feststellung in direktem Widerspruch zu der Forderung nach »Haushalterschaft im Lebensraum der Erde« (Seite 50), von der es unter anderem heißt: »Der Mensch ist von seiner Bestimmung her zur tätigen Bewahrung und Gestaltung der Erde aufgerufen. Zur Erfüllung dieser Aufgabe sind ihm als Geschöpf unter Geschöpfen von Gott der Lebensraum der Erde und die Lebenszeit gegeben. Das bedeutet nicht absolute Herrschaft, sondern Haushalterschaft....« Heißt das nun ethische Verantwortung für den vor Gott und seinem Maßstab stehenden Christen oder nicht, oder gilt das nur für die Natur und nicht auch für die Mitmenschen?

Mit dem oben zitierten Persilschein für alles Unmenschliche als theologischer Grundlage entstand ein

Zur Blindheit der EKD in ihrer Denkschrift

Papier, das auch schlimmster Raffgier und wirtschaftlicher Unmenschlichkeit ein ruhiges Gewissen und eine ungestörte Nachtruhe verschaffen dürfte.

Zwar fängt die Denkschrift in ihrer Analyse unserer Situation durchaus aufrichtig an. Da ist die Rede von »Probleme(n) historischen Ausmaßes wie die Bedrohung der natürlichen Grundlagen des Lebens und die Verelendung weiter Teile der Weltbevölkerung« (Seite 7). Weiter heißt es »Auf die eine oder die andere Weise sind alle schädigenden Einflüsse der Menschen auf die Biosphäre Teil oder Folge ihres wirtschaftlichen Handelns« (Seite 8). Folgerichtig wird anschließend die Frage gestellt »Wie muss die Wirtschaft organisiert werden, um in der Orientierung an den Dimensionen der Existenzsicherung, der Sozialverträglichkeit und der Mitweltfreundlichkeit ein gesellschaftliches und lebenerhaltendes Optimum zu erzielen? (Seite 8). Diese Frage steht im Raum und bleibt leider dort letztlich unbeantwortet stehen.

Mit ähnlicher Klarheit wird die Frage der »sozialen Gerechtigkeit im internationalen Maßstab« gestellt. Dort ist von einer »dramatischen Herausforderung« die Rede. Richtigerweise heißt es »Die reichen Länder werden immer reicher, die armen immer ärmer« (Seite 10). Auch wird eingeräumt: »Viele Entwicklungsländer... sind bei einem Überangebot dieser Rohstoffe vom Preisverfall besonders stark betroffen.« (Seite 10). Auch die internationale Schuldenkrise wird angesprochen. Von den hoch verschuldeten Ländern heißt es: »Nicht wenige von ihnen wenden inzwischen nahezu die Hälfte ihrer laufenden Exporteinnahmen auf, um fällige Zins- und Tilgungszahlungen aufbringen zu können.« (Seite 10). Allerdings bleibt die Antwort auf das himmelschreiende Problem mehr als dürftig. Am Schluss der wenigen Zeilen zur Weltschuldenkrise heißt es lapidar: »... bemüht sich inzwischen der Internationale Währungsfonds (IWF) in Zusammenarbeit mit der Weltbank um eine entwicklungskonformere Strategie der Anpassung.« (Seite 11)

Dass IWF und Weltbank als Beauftragte der Gläubiger auftreten, - als Bock zum Gärtner gemacht - wird diskret verschwiegen, und dass sie aus dieser Rolle heraus, wie die ganzen Umschuldungsvereinbarungen der Vergangenheit zeigen, zu einer wirklichen Lösung der Verschuldungsprobleme nie gekommen sind sondern nur eben Zeit gewinnen als Galgenfrist für ihre Auftraggeber, davon erfährt der Leser nichts, ebenso wenig über die Folgen dieser Umschuldungsvereinbarungen, die immer wieder Elend und Untergang für viele bedeuten, sind sie doch stets mit harten Auflagen verbunden. Überhaupt wird das Weltschuldenproblem, das täglich Tausende umbringt, praktisch nur in der Art eines Nebensatzes behandelt; es findet sich kein kritisches Wort über unser Geldsystem, obwohl doch in der Bibel sowohl im sogenannten Alten Testament als auch bei Jesus[52] immer wieder von Geld und Zins die Rede ist, aber da gilt wohl die Feststellung, dass die Bibel keine Handlungsanweisung für die Wirtschaft liefert.

---

52 z. B.: »Tut Gutes und leiht, ohne etwas zurückzuerwarten« (Lukas 6, 35)

Dass der Zins einen gemeingefährlichen Sohn, den Zinseszins hat, der nicht nur die Autoren der Bibel sondern sogar die Väter des Bürgerlichen Gesetzbuchs beschäftigt hat, die ihn schuldrechtlich anders behandelt sehen wollten als den Zins, scheint die Autoren der EKD-Denkschrift nicht zu berühren, obwohl doch der Zinseszins, wenn immer er auftritt, zu einer volkswirtschaftlich katastrophalen, nämlich exponentiellen, d.h. letztlich explosionsartigen Vermehrung der Geldvermögen einerseits und der Schulden andererseits führt mit mörderischen Folgen für die Opfer. Das scheint entweder völlig unbekannt oder nicht der Rede wert zu sein.

Der Analyse der Weltsituation folgt eine ehrliche Darstellung der nationalen Verhältnisse. Da ist von Dauerarbeitslosigkeit ebenso die Rede wie von der »neuen Armut«, von der Tatsache, dass »die Spitzenverdiener ungefähr so viel Vermögen ansammeln wie alle statistisch erfassten 26 Millionen Normalhaushalte zusammen« (Seite 13), ebenso die Feststellung dass »derzeit die Arbeitseinkommensquote... ihren niedersten Stand seit drei Jahrzehnten erreicht« hat. (Im Klartext heißt dies, dass immer größere Anteile des Volkseinkommens den Geldbesitzern zufließen). Weshalb das so ist, mit mathematischer Gesetzmäßigkeit so ist, wird nicht gesagt. Es wird lediglich festgestellt: »Es ist deshalb verständlich, dass die Frage nach der Verteiligungsgerechtigkeit dringlich gestellt wird« (Seite 14). Allerdings wird diese Frage bezeichnenderweise nicht von den Autoren der Denkschrift selbst gestellt, geschweige denn bejaht oder gar beantwortet. Sie wird nur als »verständlich« legitimiert.

In der Eigentumsfrage wird die Blindheit, die Ursachen unserer Krisen betreffend, vollständig. Es beginnt mit der Halbwahrheit »Privates Eigentum an den Produktionsmitteln ermöglicht Gewaltenteilung zwischen Staat und Wirtschaft.... Wo der Staat nicht nur die gesetzlichen Rahmenordnung für die Wirtschaft schafft, sondern auch noch die Betriebe im Eigentum hat, ist gegen seinen Machtanspruch nicht anzukommen.« (Seite 22) Hier wird von den Negativbeispielen in Osteuropa ausgehend so getan, als gäbe es keinen Mittelweg zwischen Staats- und Privateigentum. Das Privateigentum wird als einzige sinnvolle Alternative zum Staatseigentum gesehen.

Vor diesem Hintergrund wird zunächst einmal an die Sozialpflichtigkeit des Eigentums erinnert (Art. 14,2 GG), obwohl davon faktisch schon lange nicht mehr die Rede ist, jedenfalls nicht solange spekulatives Wohnungseigentum ohne Widerspruch unbewohnbar gemacht werden kann, um es unerwünschten Mietern nicht zugänglich machen zu müssen, und solange in der Wirtschaft die Sicherung des Unternehmenswert und damit des Eigentums höherwertig ist als es die Arbeitsplätze der Mitarbeiter sind (Beispiele für beides gibt es mehr als genug). Von all dem ist nicht die Rede. Es bleibt beim Lippenbekenntnis, das den ständigen Missbrauch des Eigentumsrechts zu Lasten der Sozialpflicht nicht an den Pranger stellt. Im Gegenteil. Vielmehr wird dem Privateigentum auch als entscheidendem Motivationsfaktor in der Wirtschaft das Wort geredet:

»Die Abschaffung oder Verneinung des Privateigentums als selbständigen wirtschaftlichen Potentials beseitigt nicht Gefahren des Missbrauch öffentlichen Eigentums....« Hat das irgendjemand im Ernst behauptet? »Sie beseitigt aber das Bewusstsein für die konkrete Verpflichtung, die mit Eigentum verbunden ist. Es ist aber unverkennbar, dass Privateigentum in der Marktwirtschaft eine wichtige und unersetzliche Funktion für verantwortliches Wirtschaften ausübt.« (Seite 57) also auch noch »unersetzlich«, um von vornherein jede kritische Diskussion auszuschließen, als ob Unternehmen wie Bosch oder Mahle, um nur zwei zu nennen, die als Stiftungen weder staatliches noch privates Eigentum sind, keine wichtigen Funktionen in unserer Wirtschaft ausübten.

Dabei würde gerade die Bibel Ansätze für alternatives Denken liefern, ist doch in ihr immer von Nutzungsrechten die Rede und nicht von Privateigentum im unserem, nämlich vorchristlichrömischen Sinn. Aber die Einschränkung, die Bibel liefere keine Handlungsanweisung, wurde ja vorsichtshalber schon gemacht, um diesen Bezugspunkt zu neutralisieren.

So wird zwar beklagt, dass »gegensätzliche Interessen von Kapital und Arbeit« Konflikte hervorrufen (Seite 26). Dass aber der diesen Konflikten zu Grunde liegende Dualismus zwischen bei den Faktoren vor allem von der Eigentumsfrage her zu verstehen und von daher auch zu überwinden ist, steht nicht zur Debatte.

Der nächste Schwachpunkt, der geradezu Blauäugigkeit widerspiegelt, ist die im Sinne der sozialen Marktwirtschaft immer wieder erhobene Forderung nach »staatlichen Rahmenordnungen«, »staatlichen Handeln im Wirtschaftsgeschehen« (z. B. Seite 18). Das gilt insbesondere für die Zukunft der Sozialen Marktwirtschaft der Bundesrepublik: »Fortentwicklung der Sozialen Marktwirtschaft ist darum wesentlich auf die Handlungsfähigkeit und Handlungsbereitschaft der Politik angewiesen, national und mehr noch international« (Seite 71).

Mit dieser Aussage wird völlig übersehen, dass sich die Verhältnisse in den vergangenen Jahren dramatisch gewandelt haben. In der Zeit von Ludwig Erhard konnte noch mit Fug und Recht von einer Volkswirtschaft, einer Nationalökonomie gesprochen werden, in der dem Staat eine wichtige Ordnungsfunktion zugewiesen werden konnte. Was ist aber zu tun im ausgehenden Jahrtausend, wenn die Wirtschaft zunehmend kontinentale und globale Dimensionen annimmt, bei denen sich die Wirtschaftsunternehmen immer mehr der nationalstaatlichen Kontrolle entziehen? Haben die Autoren dieser Denkschrift kein Ohr für die Diskussion unter Fachleuten, wo es beispielsweise heißt: »Die Handlungsfähigkeit des Staates wird geringer.... Seine Handlungsfähigkeit tendiert gegen Null« (Bohret[53]) oder »Eine staatliche Globalsteuerung wie sie Karl Schiller vor zwanzig Jahren angestrebt hat, ist heute nicht mehr möglich. Multinationale Konzernen und die Konkurrenz von Investitions-

---

53 Frankfurter Rundschau vom 9. 10. 91

standorten... führen... zur Erosion von Staatlichkeit« ... (Scharpf[54]).

Die Frage, die es zu beantworten gilt, ist vorrangig also nicht die nach den ordnungspolitischen Aufgaben des Staats in einer transstaatlichen Wirtschaft, sondern wer soll in einer letztlich globalen Wirtschaft die erforderlichen Ordnungsfunktionen ausüben, wenn diese Rolle dem Staat weitgehend entglitten ist und entgleitet, GATT, UN, Washington mit einer Art PAX AMERICANA nach dem Vorbild Roms? Von all dem macht das Papier nichts bewusst.

Darüber hinaus wird völlig übersehen, jedenfalls nicht zur Sprache gebracht, dass sich im Zuge der Internationalisierung der Wirtschaft die Politik seit Jahren im wesentlichen darauf beschränkt, in den einzelnen Staaten ein kapitalfreundliches Investitionsklima zu schaffen und zu erhalten und im übrigen die Wettbewerbsfähigkeit zu stärken. Beides sind Bemühungen, bei denen die Anliegen von Mensch und Natur weitgehend auf der Strecke bleiben.

Der Höhepunkt der Naivität oder der Gipfel der Unverfrorenheit nach all der negativen Bestandsaufnahme wird erreicht mit der Feststellung:

»Nach vierzig Jahren der Entwicklung der Sozialen Marktwirtschaft in der Bundesrepublik Deutschland ist

---

[54] ebenda

unübersehbar, dass sich dieses Konzept aufs Ganze gesehen bewährt hat und zu einem Erfolgsmodell geworden ist« (Seite 32).

Diese Aussage erinnert auf fatale Weise an die Geschichte von dem reichen Kornbauern oder Gutsbesitzer[55], der aus seiner persönlichen Situation des feisten Wohlstands zu sich sagte: »Gut gemacht!.... Iß und trink nach Herzenslust und genieße das Leben!«

Wenn von vierzig Jahren die Rede ist, dann heißt dies, dass diese Aussage bis in unsere jüngste Vergangenheit hinein gelten soll. Wenn wenigstens nur von der Hälfte der Zeit die Rede wäre, aber nein, es müssen vierzig Jahre sein! Das heißt, all die Schäden an Mensch und Natur und die scheinbaren, aber tödlichen Unausweichlichkeiten unseres Wirtschaftens in Vergangenheit und Zukunft sind Kleinigkeiten, die durch kosmetische Korrektur zu berichtigen sind. Hier wird die ganze kritische Vorarbeit im Analysenteil nicht nur in Frage gestellt; ihre Ergebnisse werden auf geradezu kriminelle Weise verharmlost.

Aufs Ganze gesehen steht die Denkschrift ganz im Geiste Hananjas, einem der falschen Propheten Israels und als solcher ein Gegenspieler Jeremias. Von diesen heißt es in Jeremia 23,14: »Sie bestärken gewissenlose Leute noch in ihrem Treiben, so dass niemand daran denkt, sein Leben zu ändern«. Mehr ist leider dazu nicht zu sagen.

---

55 Lukas 12,16 ff

Die Antworten auf unsere Fragen sind also nicht bei der EKD zu finden.

Kapital, Konkurrenz und Kooperation

Bei der Suche nach einem gerechteren Wirtschaftssystem machen die historischen Fakten deutlich, dass der staatskapitalistische, planwirtschaftliche Weg nicht nur jedes Streben nach Freiheit und Selbstbestimmung, Grundbedürfnisse des mündigen Menschen, zunichte macht sondern auch zu schwerfällig ist und ganz einfach unwirtschaftlich arbeitet.

Mit diesem negativen Urteil über das bisherige System Osteuropas wird allerdings nicht automatisch das privatkapitalistische System der freien Marktwirtschaft zum Ausbund der Gerechtigkeit erhoben. Es ist zwar freiheitlicher und flexibler als das andere, aber seine negativen Seiten sind zu offensichtlich, als dass sie übersehen werden könnten. Der internationale Wettbewerb führt nicht nur zu einem zunehmenden Leistungsdruck, dem eine wachsende Zahl von sogenannten »Minderleistern«, seien es einzelne Menschen, Unternehmungen, ganze Regionen oder gar Länder, nicht gewachsen ist. Er zerstört auch ohne Bedenken Natur und Umwelt und das nicht selten mit vielerlei Produkten, die allzu kurzlebig oder gar völlig überflüssig sind. Denken wir nur an Werbung und Verpackung, an die Landwirtschaft in der Europäischen Gemeinschaft oder an das Megabit-Chip bei IBM in Sindelfingen, das nur eine Produktionsdauer von drei Jahren hatte, eine Zeit, die nur die Hälfte der gesamten

Zyklusdauer des Produkts war. Es scheint, als werde all das produziert, was Wachstum und Gewinn verspricht und all das dem Untergang preisgegeben, was diesem kurzsichtigen Denken und Handeln in Kategorien des Geldwerts als einzigem Maßstab unnütz und unbrauchbar ist.

Sicher lässt sich dieser Irrsinn nicht allein mechanistisch erklären und durch Zwangsmaßnahmen überwinden, weil seine Wurzeln sehr tief reichen, aber einige ganz konkrete Schritte zu mehr Vernunft scheinen, der historischen Entwicklung zufolge, in unserer Zeit fällig zu sein.

Bedauerlicherweise wurde die große historische Stunde des Zusammenbruchs des osteuropäischen Wirtschaftssystems nicht zur Verwirklichung zukunftsorientierter Vorstellungen der Wirtschaftsweise genutzt. Auf ähnliche Weise wie in Deutschland 1848 auf dem politischen Felde siegte in dieser Stunde die Reaktion auf der ganzen Linie. Das ist aber weniger ein Akt der Dummheit oder gar der Bosheit. Es ist vielmehr eine wohl geradezu unausweichliche Folge der Tatsache, dass im Christentum die Aufgabe des Gottesvolks als einer Pioniergesellschaft kaum von jemand erkannt geschweige denn ernst genommen wurde. Es fehlt deshalb nicht nur an konkreten Vorstellungen über eine gerechtere Wirtschaft, sondern noch mehr an konkreten überzeugenden nachvollziehbaren Beispielen, über die dann auch eine umfassende öffentliche Diskussion und Bewusstseinsbildung hätte stattfinden können. In nennenswertem Umfang sind es allenfalls die Anthroposophen, die den nicht-religiösen Teil ihrer Aufgabe und Bestimmung darin sehen, unter anderem auch in der Wirtschaft neue Wege zu suchen und zu gehen. Und so blieb das Neue, das es bei dem großen Umbruch zu verwirklichen gegolten hätte, in der Öffentlichkeit weitgehend unbekannt und konnte nicht zu einem drängenden Anliegen der Allgemeinheit werden, auf das in den großen Entscheidungen der Politik hätte Rücksicht genommen werden können.

Nachdem nun das Kind in den Brunnen gefallen ist, geht es offensichtlich zunächst einmal darum, auf die Bestimmung des Gottesvolks als einer Pioniergesellschaft erneut und mit Nachdruck hinzuweisen und dann zu versuchen, die notwendigen neuen Wege in der Wirtschaftsgestaltung zu skizzieren:

Keine Vererbung wirtschaftlicher Macht

Wir haben in den vergangenen hundert Jahren gelernt, die Vererbung politischer Macht in der Menschheitsgeschichte als überholt zu betrachten. In Deutschland verschwanden die letzten politischen Fürstentümer 1918. Wenn heute ein Nachkomme eines früheren Bundeskanzlers, etwa ein leiblicher Enkel Adenauers, beanspruchen würde, Bundeskanzler kraft Abstammung zu werden, würde ihn jedermann auslachen. Politische Macht wird heute nicht mehr vererbt. Dem allgemeinen Bewusstseinsstand wäre dies nicht mehr angemessen.

Dagegen gilt die Vererbung wirtschaftlicher Macht heute noch als legitim, ja für viele sogar noch als selbstverständlich. Die Nachkommen der Flick-Dynastie üben sie ebenso selbstverständlich aus wie die Kinder des erfolgreichen, in der Öffentlichkeit aber anonymen Mittelstands, auch wenn dies genauso widersinnig ist wie im politischen Bereich. Selbst wenn in den aktiven Führungspositionen, also gewissermaßen in der Exekutive der Wirtschaft, heute fast überall professionelle Manager angestellt sind, werden die Schlüsselpositionen in den Aufsichtsgremien, also in der Legislative, fast immer auf traditionelle Weise von den Blutsverwandten der vorangegangenen Unternehmergeneration oder von deren Höflingen besetzt.

Die Entwicklung des öffentlichen Bewusstseins wird früher oder später diesen Anachronismus überwinden. Allerdings braucht es mehr und mehr Pioniere, die bereit sind, dieser Entwicklung den Weg zu bahnen und entsprechende machtpolitische und finanzielle »Opfer« zu bringen.

Kein Privateigentum an Betriebsgemeinschaften

In noch nicht allzu weit zurückliegender Vergangenheit war es denkbar und legitim, dass einzelne Personen, vor allem Adlige, ganze Ortschaften ihr eigen nannten und nach Belieben darüber verfügen konnten. Die meisten Dokumente, die die Gründung und Existenz von Dörfern und Städten belegen und so die Grundlage für die zu feiernden Jubiläen bilden, sind Kauf- oder

Schenk- urkunden von Adligen, die solchen Kommunalbesitz beinhalten. Das gilt heutzutage als unvorstellbar. Die Lebensgemeinschaften von Dörfern und Städten gehören heute im eigentlichen Sinn richtigerweise niemandem mehr, wie es dem allgemeinen Bewusstsein entspricht. Zwar besteht nach wie vor Steuer- und Abgabenpflicht. Sie ist aber nicht wie damals vor allem eine private Pfründe für irgendwelche Privilegierte, die notfalls auch verkauft werden kann, sondern dient in einer gesunden Gesellschaft lediglich zur Finanzierung öffentlicher Aufgaben. Unser Bewusstsein hat also auch auf diesem Gebiet seine Normen weiter entwickelt. Privates Eigentum an Betriebsgemeinschaften wird aber immer noch nicht öffentlich geächtet, auch wenn in seiner Ächtung unübersehbar der heute fällige Entwicklungsschritt unseres Bewusstseins besteht. Unsere Vorstellungen das Eigentum von kommunalen Gemeinschaften betreffend müssen also auch auf ökonomische Gemeinschaften übertragen werden.

In dem vom Marxismus geprägten Denken werden Eigentum und Verfügungsrechte an Produktionsmitteln für verwerflich gehalten. So grob vereinfacht und verallgemeinert ist das wohl ein Irrtum. Der Besitz von und das Verfügungsrecht über Dinge oder Sachgüter, gleich welcher Größe oder Bedeutung, scheint durchaus akzeptabel zu sein. Eine entscheidende Ausnahme dabei bildet Grund und Boden, vor allem weil er weder ein menschliches Produkt noch vermehrbar ist, weshalb es kein Eigentum an Grund und Boden sondern nur einen zeitlich befristeten Nießbrauch - also Nutzungsrechte, wie etwa bei der Allmende - geben sollte. Für alle übrigen Dinge und Sachgüter gilt diese Einschränkung nicht, so dass sie durchaus ihren Warencharakter behalten können.

Sobald aber Menschen unter Nutzung von Produktionsmitteln eine Betriebsgemeinschaft bilden, verwandelt sich das Bild. Da es ein Verfügungsrecht über Menschen niemals geben sollte, weil sonst der Mensch in seiner Würde verletzt und zu einem Objekt, zur Sache herabgewürdigt wird, kann nur ein Verfügungsrecht von Menschen über Sachen legitim sein. Der entscheidende Unterschied liegt also in der Frage, ob es sich um Dinge oder Sachgüter, genauer gesagt, um mehr oder weniger beliebig vermehrbare Objekte handelt. Dann ist es eine Ware, die gehandelt und im Rahmen der freien Wirtschaft verkauft werden kann. Sobald aber der Mensch zu einem wesentlichen Teil des Handelsobjekts wird, verändert sich dessen Qualität auf so dramatische Weise, dass es eben nicht länger Handelsobjekt sein kann. Eine Maschine oder eine Werkhalle kann also durchaus verkauft werden, ein Betrieb oder ein Betriebsteil aber nicht. Ein Betrieb oder ein Betriebsteil kann niemals Objekt sein. Der Mensch, der mit der Ansammlung von Maschinen oder anderen Einrichtungen arbeitet, ist Subjekt und hebt so den Charakter der Einrichtung als Objekt auf. Das bedeutet konkret: eine Betriebsgemeinschaft kann letztlich nur gemeinsam, idealerweise im Konsens, Beschlüsse fassen, die ihr existentielles Schicksal betreffen, allerdings ohne dadurch jemals zur Ware zu werden.

Die logische Konsequenz dieser Sichtweise ist die Feststellung, dass es Besitz und Eigentum an Betrieben,

Kapital, Konkurrenz und Kooperation 183

in denen außer dem »Eigentümer« noch andere Menschen beschäftigt sind, in der bisherigen Form nicht geben kann. Vermutlich kann es dabei ähnlich wie bei Grund und Boden nur befristete Nutzungsrechte in der Regel für die Dauer der Mitarbeit, höchstens wohl aber auf Lebenszeit, geben. Dass dadurch die klassische Trennung hie Arbeitgeber dort Arbeitnehmer hinfällig wird, liegt auf der Hand. Der Arbeitnehmer, jedenfalls der fest angestellte der Stammbelegschaft, würde zum Mitunternehmer. Nur für Randbelegschaften, etwa Aushilfskräfte, gälte wohl auch weiterhin der bisher allgemein übliche Begriff des Arbeitnehmers.

Neutralisierung des Betriebskapitals

Die Neutralisierung des Betriebskapitals durch die Schaffung von Stiftungen als Kapitalträgern ist zwar nicht neu. Sie führt aber nach wie vor ein Aschenputteldasein in der westlichen Gesellschaft. Das könnte beendet werden, wenn durch steuerliche Maßnahmen vor allem beim Erbgang die Stiftungen systematisch gefördert würden. Da die Kapitalbildung ein zentrales gesellschaftliches Anliegen ist, wäre es durchaus denkbar, diesen Weg unbesteuert zu belassen, sofern er wie bei der Stiftung völlig außerhalb der privaten Einkommens- (und Reserven-) Bildung verläuft. Der Grundgedanke eines reduzierten Steuersatzes bei der Thesaurierung, also bei Verzicht auf die Ausschüttung, wie er heute etwa bei der Körperschaftssteuer für Kapitalgesellschaften verbreitet ist, würde also lediglich weiter entwickelt.

Da dieses Ziel bei keiner der großen Parteien in der Bundesrepublik zu erkennen ist (die SPD ist nach den unternehmerischen Pleiten der Gewerkschaften in dieser Frage völlig gelähmt), liegt die Verantwortung heute vor allem bei den Kapitalbesitzern, den jetzigen und den künftigen. Das gilt insbesondere für all jene, die ohne Verzicht auf einen angemessenen Lebensunterhalt und damit ohne wirkliche Opfer auf individuelle Macht- und Verfügungsrechte zumindest auf Teile ihrer Millionenvermögen verzichten könnten und sei es auch nur durch ein entsprechendes Testament, also im Todesfall.

In früheren Jahrhunderten haben die Reichen den kirchlichen Einrichtungen Millionenvermögen überlassen. Was tun sie heute? Sie horten und horten und kriegen nie genug, auch über den Tod hinaus.

Sie scheinen nicht zu begreifen, dass es bei einem solchen Verzicht nicht um die mühselige Erfüllung hoher sozial-ethischer Normen mit dem Charakter göttlicher Gesetze geht, sondern um die Befreiung auch aus der eigenen Versklavung, eine Befreiung die einhergeht mit einem solchen Versuch, der göttlichen Gerechtigkeit auf Erden eine Stätte zu bereiten.

Es wäre höchste Zeit, dass die Christen beginnen, sich dieser Frage anzunehmen und ein klares Wort zugunsten der Bildung von Stiftungen zu sagen.

In Indien hat jahrzehntelang Vinobe Bhave, ein Weggefährte Gandhis, auf seinen Reisen durchs Land viele

Großgrundbesitzer überzeugt, wenigstens einen Teil ihrer Ländereien ohne Zwang abzutreten. Auf diese Weise konnten Hunderttausende von Hektar Land in einer Art »sanfter« Bodenreform übertragen werden. Wann werden wir beginnen, bei uns eine vergleichbare Aufgabe bei den Kapitalbesitzern zu übernehmen?

Die Bibel liefert uns dazu ausreichend Argumentationshilfe, war doch die Frage des Eigentums an Grund und Boden (bei der damals vorherrschenden Landwirtschaft das wichtigste Produktionsmittel) ein wesentliches Thema nicht nur in der hebräischen Bibel sondern auch bei Jesus. Schon in den mosaischen Gesetzen sagt Gott:

> Mein ist das Land,
> und ihr seid Fremde und Gastsassen vor mir.

Schon diese Weisung, dieses Gebot, dieses Gesetz macht klar, dass Grundeigentum im heutigen Sinn, also im Sinne einer Ware, die verkauft und gekauft werden kann im alten Judentum (wie übrigens auch bei vielen anderen Völkern) unvorstellbar war. Eigentum war nie mehr als Nießbrauch, als Nutzungsrecht, weil Grund und Boden nicht dem uneingeschränkten menschlichen Verfügungsrecht unterworfen waren. Die Menschen konnten sich das ebenso wenig vorstellen, wie dies heute bei uns noch für die Luft gilt.

Auch die Geschichte von Naboth[56], dessen Weinberg König Ahab kaufen wollte, gehört hierher. Seine Antwort:

> Weitab mir das von IHM aus,
> dir mein Vätereigentum zu geben!

ist nur vor dem Hintergrund des Rechts auf Nießbrauch und nicht des Grundeigentums als einer Handelsware zu verstehen. Dasselbe gilt für das Gleichnis Jesu von den »bösen Weingärtnern«[57]. Darin hatten die Pächter alle Boten des Besitzers, auch seinen Sohn, verjagt oder umgebracht, um den Nießbrauch wegen Vernachlässigung der Besitzerpflichten an sich zu bringen. Diese Vernachlässigung hätte nämlich entsprechend dem damaligem Rechtsverständnis nach einer bestimmten Dauer automatisch den Verlust des Rechts auf Nießbrauch und damit den Übergang des Nießbrauchs auf die Pächter zur Folge gehabt.

Allein schon diese drei Beispiele zeigen deutlich, dass das israelitische Bodenrecht ein ganz anderes war als das (vorchristlich-) römische, das unser Denken und Handeln bis heute prägt, obwohl wir in fast allen Kulturen, z. B. auch in der germanischen, eine ähnliches Rechtsverständnis in Sachen Bodenrecht hatten wie die alten Israeliten.

Nehmen wir die beiden oben beschriebenen Punkte zusammen, so erkennen wir, dass wirtschaftliche Macht

---

56 1. Könige 21
57 Matth. 21, 33 ff

nicht vererbbar sein sollte, und dass Eigentum an und Verfügungsrechte über Betriebsgemeinschaften mit einem zeitgemäßen Menschenbild nicht zu vereinbaren sind. Grenzbereiche, die besonderer Regelung bedürften, entstehen im Kleingewerbe und bei der Gründergeneration auch in größeren Unternehmen und der dabei häufig anzutreffenden Personalunion von Unternehmern und Kapitaleignern. Solange diese Personalunion besteht und bei reinen Personengesellschaften mit der uneingeschränkten privaten Haftung verbunden ist, wie dies bei der Einzelfirma und bei der Offenen Handelsgesellschaft üblich ist, sind die bisherigen Normen noch am ehesten vertretbar, solange es nicht am Ende zu spekulativen Verkäufen und Käufen von Betriebsgemeinschaften kommen kann.

Allerdings würde auf diesem Weg die Kapitalbildung erschwert, weil sie in diesen Unternehmen gleichzeitig private Einkommensbildung ist und deshalb entsprechend besteuert werden muss. Erst die Trennung der Unternehmerfunktion vom Kapitalbesitz und die Beschränkung der Risiken auf den Kapitalbesitz, ohne das übrige Vermögen zu gefährden, schafft eine völlig neue Situation, die neue Lösungen in der beschriebenen Weise erfordert.

Eine Sonderrolle in der Frage der Kapitalrechte spielt die Genossenschaft. Freunde und Mitarbeiter bringen bei dieser Rechtsform das nötige Betriebskapital oder wenigstens einen ausreichenden Grundstock dafür auf, wobei notfalls diese Mittel von einer Bank beschafft und vom Kapitalgeber verbürgt und abgestottert werden. Entscheidendes Bewertungskriterium ist die Tatsache, dass solche Anteile nie als Ware gehandelt und deshalb auch nie Spekulationsobjekt werden dürfen. Will sich ein Anteilseigner aus welchen Gründen auch immer zurückziehen, so werden die Anteile quasi von der Genossenschaft (und nur von dieser) und das in der Regel zum Nennwert zurückgekauft, so dass sie nie in den öffentlichen Handel kommen und so auch nicht der Spekulation unterliegen.

Auch wenn vom Geist derer, die ursprünglich die Rechtsform der Genossenschaft erkämpft haben, nicht mehr viel übrig geblieben ist, so ist doch der Weg selbst immer noch zukunftsweisend. Ein großes Handicap liegt allerdings darin, dass auf diese Weise der heutzutage zumeist recht große Kapitalbedarf auch nicht annähernd gedeckt werden kann. Der Prozess der Kapitalkonzentration, der mit unserem falschen Umgang mit Geld und Kapital fast zwangsläufig einhergeht, hat in der Zeit seit der Währungsreform nur bei einer kleinen Minderheit die nötigen Mittel angehäuft, um größere Projekte finanzieren zu können. Wenn ein Arbeitsplatz in Deutschland heute im Durchschnitt eine Investition von mindestens einer Viertelmillion Mark erfordert, so ist dies weit mehr, als der Durchschnittsbürger für einen solchen Zweck aufzubringen oder zu leihen und zu tilgen vermöchte.

Unsere Einsicht führt aber noch weiter. Es wird nicht nur undenkbar, wirtschaftliche Macht zu vererben. Sie sollte tatsächlich weder eingeräumt noch beansprucht werden, denn niemand darf Macht über andere Menschen haben, wenn nicht die Menschenwürde auf beiden Seiten Not leiden soll.

Die Ich-Du-Beziehung geht dabei verloren. Innerhalb von Machtstrukturen erhebt sich der Machthaber zum Übermenschen und reduziert den anderen zum Untermenschen, zum Objekt. Dadurch entsteht eine Ich-Es-Beziehung, die den Prozess der Menschwerdung auf beiden Seiten blockiert[58].

Die Frage des menschlichen Maßes

Bei den meisten Diskussionen um die hier angeschnittenen Fragen bleibt bedauerlicherweise in aller Regel die Frage des menschlichen Maßes außer Betracht. Es bleibt das Verdienst von E. F. Schumacher, der vor allem mit seinem Buch »Small is Beautiful[59]« auf ihre enorme Bedeutung hingewiesen hat.

Beim Versuch, auf menschliches Maß Rücksicht zu nehmen, geht es grundsätzlich um zwei wesentliche Aspekte, um Tempo und um Größe.

Wie wichtig das Tempo, also die Geschwindigkeit aller Aktivitäten, vor allem aber von Veränderungen, ist, zeigt die Entwicklung in der Ex-DDR mit aller Deutlichkeit.

---

[58] siehe auch unter »Weisungsrecht und Selbstbestimmung«
[59] deutsch »Die Rückkehr zum menschlichen Maß«, Hamburg 1977

Dort wurde ohne Rücksicht auf den Zeitbedarf für die Entwicklung des politischen Bewusstseins und der Fähigkeit zu wirtschaftlichem Denken und Handeln ein überstürzter Anschluss vollzogen, der mit größter Wahrscheinlichkeit katastrophale Folgen haben wird. Selbst in der betriebswirtschaftlichen Lehre, wo es um sehr viel weniger dramatische Veränderungen geht, sprechen wir nicht mehr von massiven, revolutionären Veränderungen, gewissermaßen von einem Tag zum anderen. Wir sprechen vielmehr von Organisationsentwicklung, also von einem anhaltenden Veränderungsprozess, bei dem in der Zeitplanung Rücksicht genommen wird auf den Zeitbedarf des Menschen für die Entwicklung seines Bewusstseins und die daraus folgende Veränderung seiner Verhaltensweise. Das ist der eine Punkt.

Der Astrophysiker Peter Kafka[60] ist der Wirkungsweise evolutionärer Prozesse nachgegangen und hat dabei die Frage untersucht, weshalb die Entwicklung beim Menschen vor allem in den zurückliegenden fünfzig Jahren so katastrophale Folgen hat, während die Evolution früher sehr viel weniger zu großen Krisen führte. Eine der wesentlichen Einsichten, die Kafka dabei aufgegangen sind, bezeichnet er als »Gemächlichkeit«, bei der in der Evolution aus der Unzahl der Möglichkeiten der Weiterentwicklung gewissermaßen in aller Ruhe der beste Weg ausgewählt und dann begangen wurde. Heute kennzeichnet eine geradezu irrsinnige Hektik alle Entwicklungsschritte. Und sie wird vor allem von unserem

60 Peter Kafka, Das Grundgesetz vom Aufstieg, München

Geldvermehrungswahn und von der krankhaften Konkurrenz gefordert und geprägt.

Bei dem anderen Punkt der notwendigen Rücksichtnahme auf menschliches Maß haben wir es mit der Frage der optimalen Größe von Organisationsstrukturen zu tun.

Es ist eine Binsenweisheit, dass der Mensch nur im überschaubaren Rahmen Verantwortung entwickeln und ausüben kann. Sobald dieser Rahmen gesprengt wird, wächst die Verantwortungslosigkeit und das Anspruchsdenken. Beides geht einher mit einer Art »marktwirtschaftlichem« Denken, nämlich dem permanenten Versuch, mit möglichst geringem eigenen Einsatz möglichst viel für sich selbst herauszuholen. Das ist bei Versicherungen und versicherungsähnlichen Leistungen besonders deutlich zu beobachten. Es entspricht unserem marktwirtschaftlichen Denken, für die eigene Leistung einen möglichst hohen Preis zu erzielen und für die erforderliche Fremdleistung möglichst wenig zu bezahlen. Auch für die Auswüchse auf diesem Gebiet liefert die Geschichte der Ex-DDR abschreckende Beispiele.

Die Entwicklung der Fähigkeit und Bereitschaft, Verantwortung zu entwickeln und auszuüben hängt also entscheidend davon ab, ob die Räume, innerhalb derer verantwortlich gehandelt werden soll, in ihrer Größe überschaubar bleiben. Sie bleiben überschaubar und entsprechen dem menschlichen Maß, wenn die Menschen, gegenüber denen verantwortlich gehandelt werden soll, Menschen sind und bleiben und nicht zu Nummern und Zahlen herabsinken. Sie bleiben Menschen, so lange sie einen Namen, ein Gesicht und ein Schicksal haben für den, der verantwortlich mit ihnen umgehen soll. Solange das Gegenüber Name, Gesicht und Schicksal hat, fällt es - wie jedermann weiß - sehr viel schwerer, unmenschlich zu handeln. Es geschieht deshalb nicht selten mit eindeutiger Absicht, diesen Rahmen organisationstechnisch zu sprengen, um eben unmenschlich handeln zu können. Das ist bei geplanten »Freistellungs«- oder - ehrlicher ausgedrückt - Entlassungsaktionen ebenso zu beobachten wie beim Krieg.

Um auch bei der Rücksichtnahme auf diese Grundsätze größere Einheiten zusammenfassen zu können, genügt es - wie vielfach heute schon zu beobachten - kleinere, überschaubare Einheiten als »Profit Centers« mit großer Autonomie, also »Selbstverwaltung« und Selbstverantwortung, auszustatten und sie zu vernetzen, wobei nach dem Subsidiaritätsprinzip Macht und Verantwortung nur in dem Umfang nach »oben« verlagert werden, als sie »unten«, also in der Gemeinschaft selbst, nicht mehr wahrgenommen und ausgeübt werden können. Wir reden also nicht von Idealträumen, sondern von organisationstechnischen Möglichkeiten, die zumindest in Teilbereichen' vielfach heute schon Wirklichkeit sind.

Wir müssen irgendwann einmal begreifen, dass der Mensch in unseren Organisationsstrukturen zum Maß aller Dinge werden muss und nicht das Geld, auch wenn dadurch selbstverständlich das Naturgesetz nicht außer

Kraft gesetzt wird, nach der jeder Organismus um leben zu können, auf lange Sicht mindestens ebenso viel Energie (in unserem Beispiel also Geld) zuführen bzw. erwirtschaften muss wie er verbraucht.

Der Grundsatz, nach dem der Mensch das Maß aller Dinge ist, gilt aber nicht nur für unsere Organisationsstrukturen. Er gilt gleichermaßen für das Arbeitsergebnis, also für die angebotene Ware oder Dienstleistung. Dabei ist die Frage zu beantworten, dient sie dem Menschen oder schadet sie ihm. Diese Frage sollte nicht von einer staatlichen Aufsichtsbehörde beantwortet werden (obwohl häufig genug kein anderer Ausweg bleibt) sondern von der Erwerbsgemeinschaft selbst.

Allerdings darf diese ganze Fragestellung nicht nur im engen Sinn auf den Menschen bezogen werden. Letztlich bezieht sie sich auf die ganze Kreatur und Umwelt. Schließlich ist auch der Mensch nicht mehr als ein Glied der Schöpfung, das vom Wohlbefinden der gesamten Natur ebenso betroffen ist wie alles andere.

Solidarischer Wettbewerb und soziale Marktwirtschaft

Jede auf den Menschen ausgerichtete soziale Wirtschaftslehre, von der christlichen Ethik über die sogenannte Freiburger Schule bis hin zur Sozialen Marktwirtschaft, für die bei uns der Name Ludwig Erhard steht, geht bislang davon aus, dass die freie Marktwirtschaft an sich amoralisch ist, und dass die Marktgesetze von Angebote und Nachfrage, die den Preis bestimmen, keine Rücksicht auf die Bedürfnisse von Mensch und Natur nehmen. Die Erfüllung von sozialen und ökologischen Mindestforderungen soll deshalb nach gängiger Überzeugung durch staatlich auferlegte Zwangsmaßnahmen sichergestellt werden. Der staatlich organisierten Gesellschaft wird damit eine der wichtigsten gesellschaftlichen Aufgaben übertragen.

Nun beobachten wir aber in den letzten Jahren, dass die nationalstaatlichen ordnungspolitischen Rahmenrichtlinien durch die Wirtschaft immer mehr unterlaufen werden. Die transnationalen Großkonzerne haben damit begonnen, den Standort ihrer Produktionsstätten durch globale Planung so zu legen, dass sie durch die jeweilige nationalstaatliche Ordnungspolitik möglichst wenig behindert werden. Dadurch entstand ein Gefälle der Verlagerung an Standorte mit möglichst geringer sozialer und ökologischer Reglementierung. Dieses Gefälle wurde zunächst vor allem von den großen transnationalen Unternehmen genutzt. Die fortschreitende Europäisierung und Globalisierung der Wirtschaft veranlasste immer mehr Unternehmen, schließlich sogar den global orientierten Mittelstand, dem Vorbild der Transnationalen zu folgen. Dadurch wird die Ordnungsfunktion der nationalstaatlichen Regierungen immer mehr untergraben. Die Suche der Wirtschaft nach »optimalen« Standorten wird immer weniger gebremst oder gar gelähmt.

Diese Einsicht führt aber nicht nur bei den Unternehmensleitungen selbst zu höchst problematischen Konsequenzen. Sie liefert auch immer mehr den nationalen Regierungen eine billige Ausrede, ihre ordnungspolitischen Aufgaben auf den Sanktnimmerleinstag zu verschieben. So wurde beispielsweise in der Bundesrepublik auf die Neufassung der Arbeitszeitordnung aus dem Jahre 1938 immer wieder verzichtet, und es hat ganz den Anschein, als werde sie angesichts des bevorstehenden großen westeuropäischen Einheitsmarkts von der jetzigen Regierung vollends aufgegeben. Obwohl die alte AZO aus dem Jahre 1938 eigentlich auf eine Kriegswirtschaft mit möglichst uneingeschränkter Verfügbarkeit der sogenannten Arbeitnehmer abzielte, ging der zunächst vorgelegte Entwurf der Regierung in den ausgehenden achtziger Jahren noch weiter, schien aber in der vorliegenden Fassung gegen die Arbeitnehmerseite auch in der CDU kaum durchsetzbar. Der Entwurf sah nämlich nach wie vor einen 8-Stunden-Tag und eine 6-Tage-Woche als Regel vor. Nun ist die Diskussion um dieses Gesetz stillschweigend und ganz verschämt beendet worden. Der Hinweis auf die Tarifautonomie und die damit verbundenen Regelungsmöglichkeit ist eine allzu billige Entschuldigung für die staatlichen Versäumnisse, vor allem wenn man weiß, dass mindestens die Hälfte aller Arbeitgeber dem Zwang zur Einhaltung der Tarifverträge entzogen ist allein schon wegen der schlichten Tatsache, dass sie nicht in entsprechenden Verbänden organisiert sind.

Die allgemein gehegte Hoffnung, die Europäische Gemeinschaft werde in der Lage sein, eine sogenannte Sozialcharta mit Gesetzeskraft zu verabschieden, trügt. Diese Sozialcharta ist zwar formuliert worden. Sie hat aber nur den Charakter einer Empfehlung, mit der jeder nach Belieben verfahren kann.

Die ordnungspolitischen Grenzziehungen der nationalstaatlichen Regierungen verfallen und entfallen in einer transnationalen Wirtschaft mehr und mehr. Damit geht ein lang gehegter Wunsch der Wirtschaft nach Deregulation (also des Abbaus staatlicher Einschränkungen) ohne gesetzgeberische Maßnahmen, einfach durch Laissez-faire in Erfüllung. Wenn wir aber die Verlautbarungen der Führungskräfte der Wirtschaft lesen, dann können wir uns des Eindrucks nicht verschließen, als ginge es ihnen wie dem Zauberlehrling bei Goethe, der sich beklagte: »Die ich rief, die Geister, werd' ich nun nicht los.« Jedenfalls stand in der sogenannten Stuttgarter Erklärung der vom damaligen Ministerpräsidenten von Baden-Württemberg Lothar Späth im Jahr 1990 zu einer Konferenz eingeladenen Spitzenmanager internationaler Konzerne folgende Verlautbarung zu lesen:

»In einer zunehmend interdependenten Welt müssen von geeigneten supranationalen Institutionen bindende Regeln in den Bereichen des Kartellrechts, des Wettbewerbsrechtes, des Rechtes an geistigem Eigentum sowie im Bereich der Umweltnormen erlassen und durchgesetzt werden.«[61]

Dass dabei die sozialen Fragen ausgeklammert bleiben, entspricht der Sichtweise der Arbeitgeber. Insgesamt wird aber deutlich, dass sich diese Herren ernstlich

---

61 Pressenotiz laut »Schwarzwälder Boten« vom 23. 4. 90

Kapital, Konkurrenz und Kooperation 197

Sorgen machen wegen der Gefahr von Rückfällen in den Stil des Frühkapitalismus. Ob allerdings die von ihnen erstrebten supranationalen Ordnungsstrukturen geschaffen werden können, ist höchst zweifelhaft, unabhängig davon, ob sie bei der GATT oder bei der UNO angesiedelt werden sollen.

Der Ehrenkodex - Beginn einer Weiterentwicklung

Ein vernünftig erscheinender Ausweg aus diesem Dilemma scheint darin zu liegen, zusätzlich zu den nationalstaatlichen Gesetzen und Tarifverträgen Ehrenkodizes einzelner Bereiche auszuhandeln, die diese matrixartig überlagern und ähnlich bindende Kraft haben, um wenigstens die übelsten Auswüchse frühkapitalistischer Wirtschaft zu vermeiden.

Da sie aber nicht Gesetzeskraft haben und auch nicht durch Gericht oder Polizeimaßnahmen durchgesetzt werden können, bleibt zur Sicherstellung ihrer Einhaltung nur die Verweigerung (also Streik und Abnahmeverweigerung) und die damit verbundene öffentliche Ächtung.

Um mit relativ einfachen Problemen, gewissermaßen als Übungsfelder, zu beginnen, wäre es beispielsweise vorstellbar, dass sich alle Reifenhersteller der Welt einigen, auf die Produktion von Reifen am Sonntag zu verzichten, um so Wettbewerbsnachteile einzelner Standorte zu vermeiden. Initiatoren und Verhandlungspartner solcher Ehrenkodizes sollten nicht nur die Unternehmen selbst, sondern alle Betroffenen bzw. deren Vertreter, also Arbeitgeber, Arbeitnehmer, Gewerkschaften und wohl auch die Kirchen sein. Um zu vermeiden, dass es zu kartellartigen Absprachen etwa zu Lasten der Verbraucher kommt, sollten solche Verhandlungen in der Öffentlichkeit geführt und ihre Ergebnisse publiziert werden.

Es liegt auf der Hand, dass mit der immer schwächer werdenden Ordnungsfunktion des Staates und den immer größer werdenden Schäden eines hemmungslosen internationalen Wettbewerbs die Notwendigkeit von grenzüberschreitenden Absprachen und Vereinbarungen über Arbeitsbedingungen, Produktionsarten und Produktionsmengen usw. zwischen Erzeugern und Verbrauchern unausweichlich wird, wenn die Vernunft und der pflegliche Umgang mit Mensch und Natur nicht zum Nachteil aller völlig geopfert werden sollen.

Die anthroposophische Sozialethik sieht als Ziel dieser Entwicklung eine assoziative Wirtschaft, in der Vereinbarungen jeweils innerhalb einer Branche die heutigen Auswüchse und Unmenschlichkeiten verhindern sollen. Auch wenn dabei manche Fragen und Zweifel offen bleiben, so ist doch die Grundeinsicht unstrittig: Nur der Weg zu mehr oder weniger freiwilligen Einschränkungen durch Einsicht und Übereinkunft ist offen, wenn die krebsartigen Wucherungen der internationalen Wirtschaft eingedämmt werden sollen.

Jedenfalls muss in der jetzt fälligen Entwicklungsphase der heute alles überwältigende uneingeschränkte freie Wettbewerb komplementär ergänzt und damit eingeschränkt werden durch Kooperation. Es scheint darum zu gehen, beide Ziele zu einer Polarität zusammenzubringen, zu einer Koexistenz von scheinbar unvereinbaren Gegensätzen.

Um es noch einmal zu wiederholen: In der Militärstrategie haben wir längst gelernt, in Kategorien der Sicherheitspartnerschaft zu denken. Das heißt, dass unsere Sicherheit nicht größer ist als die Sicherheit des potentiellen Gegners. Wenn dieser sich nämlich zunehmend gefährdet fühlen würde, könnte er zu Kurzschlussreaktionen und Verzweiflungsschritten zum Schaden aller veranlasst werden. Sicherheitspartnerschaft gilt heute wenigstens im Ost-West-Konflikt als erklärtes Ziel. Etwas vergleichbares haben wir im Wirtschaftsdenken noch nicht entwickelt. Das würde nämlich bedeuten, dass bei allen wirtschaftlichen Entscheidungen auf die lebenswichtigen Interessen aller Beteiligten, auch der jeweiligen Gegner, Rücksicht genommen werden muss, gleichgültig ob dies die Wettbewerber, die Abnehmer, die Mitarbeiter oder das öffentliche Wohlergehen sind.

Am Beispiel der Wirtschaftssysteme wird noch deutlicher als anderswo, dass wir Zeitgenossen eines großen Umbruchs sind. Seit Jahrtausenden ist die Menschheit überzeugt, gesellschaftliche Probleme seien nur dadurch zu »lösen«, dass eine Machtelite durch den Einsatz von Macht, Herrschaft und Gewalt »Lösungen« zwangsweise durchsetzt. Der römische Imperialismus steht in der westlichen Welt symbolisch als Inbegriff für diese Denk- und Handelsweise. Auf dem Höhepunkt dieses Imperialismus ist aus den Traditionen seines Volkes heraus der jüdische Messias Jesus als der Gegenspieler des römischen Caesaren erstanden und hat eine »heilsame Alternative« zu dieser Denk- und Handlungsweise gelehrt und gelebt[62]. Seine Saat beginnt nun, fast zweitausend Jahre später, endlich auch auf dem nicht-religiösen Gebiet aufzugehen. Das Machtdenken ist am Ende. Auf seinem Wege sind die Probleme endgültig nicht mehr zu lösen. Zwar klammern sich die Machteliten in Wirtschaft (und Politik) immer noch an die alten Methoden und suchen das Heil einerseits in immer größeren Machtstrukturen und verfallen damit der Gigantomanie. Andererseits rufen sie nach »supranationalen (Macht-)Strukturen« (siehe oben). Und doch wird deutlich erkennbar, dass auch diese Wege in die Irre führen.

Die ethische Seite unseres Wirtschaftens muss sich also weiterentwickeln von der (ursprünglich staatlich garantierten und sichergestellten) sozialen Marktwirtschaft, die mehr und mehr das Adjektiv »sozial« verliert oder schon verloren hat, hin zu einer sich selbst regulierenden »solidarischen« Marktwirtschaft, die auch ohne staatliche Eingriffe (woher sollen die auch in einer globalen Wirtschaft kommen?) die Einhaltung ethischer Normen sicherstellt. Es mag lange dauern, bis dieser Prozess angemessene Ziele erreicht. Anlaß zu Optimismus ist leider nicht gegeben. Das ändert aber nichts an der Tatsa-

---

62 siehe auch Haller, Die heilsame Alternative, Wuppertal 89

Kapital, Konkurrenz und Kooperation 201

che, dass wir mit dieser Aufgabe beginnen müssen. Denn bekanntlich fängt auch der längste Weg mit dem ersten Schritt an.

Dieser erste Schritt bedeutet, dass beginnend im kleinen »alternativen« Bereich neue Wirtschaftsstrukturen geschaffen werden, bei denen versucht wird, den beschriebenen Einsichten gerecht zu werden. Das ist der sogenannte »Dritte Weg«. Auch wenn er nach dem Zusammenbruch der Wirtschaftsstrukturen im Osten für manchen Vordenker der Weiterentwicklung nicht mehr gangbar erscheint, ist er vermutlich der einzige, wenn auch noch so mühselige und langwierige Weg, Alternativen zu unserem mörderischen Wirtschaftssystem zu entwickeln und zu verwirklichen.

Immobilienbesitz und Wohnrecht

Die Entwicklung auf dem Wohnungsmarkt macht ebenso wie die Situation in der Ex-DDR vor und nach der Stunde Null deutlich, dass die Frage des Haus- oder Wohnungseigentums bislang keine befriedigende Antwort gefunden hat, jedenfalls nicht in einem Umfang, der politisch bedeutsam geworden wäre.

Die Tatsache, dass in der kapitalistischen Welt Grund und Boden als Ware betrachtet wird, ist ein großer Irrtum mit dramatischen, für die Betroffenen existentiell bedrohlichen Folgen. In der freien Marktwirtschaft richtet sich der Preis bekanntlich nach Angebot und Nachfrage. Wenn nun das Geldvermögen durch den Zins- und Zinseszinseffekt massiv anwächst, dann sucht es zwangsläufig immer wieder nach sicherer Anlage und neuer Vermehrung. Für konservative private und institutionelle Anleger gilt dabei der Immobilienbesitz als sicherer Hort. Der Nachfrage dieser in wirtschaftlich einigermaßen stabilen Zeiten unaufhörlich wachsenden Geldvermögen steht aber ein Angebot gegenüber, das nicht in gleichem Umfang größer zu werden vermag. Zwar ist es möglich, auf vorhandenen Grundstücken mehr oder weniger große Wohneinheiten zu bauen, aber ein (wie jeder Bauherr weiß) wesentlicher Kostenfaktor, nämlich der dafür erforderliche Grund und Boden, stellt eine nicht vermehrbare Größe dar. Jedenfalls kann die Bodenfläche, die als Baugrund zur Verfügung steht, nicht in nennenswertem Umfang vergrößert werden. Sie ist vorgegeben und weitgehend unveränderlich. Die Folge davon ist, dass auf dem Grundstücksmarkt als der Grundlage des Wohnungsmarkts einer tendenziell wachsenden Nachfrage ein mehr oder weniger unveränderliches Angebot gegenübersteht mit der marktwirtschaftlich zwangsläufigen Folge, dass die Grundstückspreise fast unaufhörlich wachsen. So haben sich zwar die Bruttolöhne und -gehälter in der Bundesrepublik Deutschland seit 1960 im Durchschnitt mehr als versechsfacht. Die Baulandpreise sind aber im gleichen Zeitraum im Durchschnitt um den Faktor 15 gestiegen.[63]

Selbst in Ländern wie der Schweiz mit ihrem breiten Wohlstand auch für die meisten Erwerbstätigen hat diese Entwicklung zur Folge, dass gut bezahlte Facharbeiter Wohnungen, in denen sie viele Jahre zusammen mit ihren Familien gewohnt haben, aufgeben müssen, weil sie die Miete nicht länger bezahlen können. Die Entwicklung der Mieten, die fast zwangsläufig an die Immobilienpreise gekoppelt ist, läuft fast überall der Einkommensentwicklung davon und trifft die unteren Einkommensgruppen mit großer Härte. Wie jedermann weiß, gilt das nicht nur für die meisten Teile der Schweiz sondern in gleicher Weise auch für Deutschland. Die alte Faustregel, nach der die Wohnung ein Viertel bis ein Drittel des Einkommens kosten darf, ist vielfach zu einem Wunschtraum geworden. In vielen Fällen dient das

---

[63] Zahlen von Helmut Creutz nach Unterlagen der Bundesbank und des Statistischen Bundesamts

ganze Zweiteinkommen in einer Familie mehr oder weniger ausschließlich der Finanzierung des Wohnens, sofern es überhaupt ausreicht.

Dass die Preisexplosion auf dem Immobilienmarkt vor allem denen zugute kommt, die Wohnraum als Geldanlage und als Spekulationsobjekt nicht aber oder nicht nur zur eigenen Nutzung besitzen, zeigt ein einfaches Beispiel: Wenn eine bestimmte Wohnung im Kaufpreis von 200.000 auf 500.000 Mark wächst, so nützt das diejenigen nicht viel, die diese Wohnung als einzigen Immobilienbesitz nutzen. Wenn sie nämlich die Wohnung verkaufen und den Preiszuwachs abschöpfen würden, so bliebe ihnen kaum Geld übrig, weil sie natürlich wieder eine neue Wohnung kaufen müssten, die mit größter Wahrscheinlichkeit eine ähnliche Preisentwicklung hatte und deshalb den Zugewinn aufzehren würde. Der Zugewinn fällt nur denen zu, die über die selbst genutzte Wohnung hinaus Immobilienbesitz haben.

Die Problematik ist grundsätzlich weder neu noch unbekannt. In der Nachkriegszeit haben alle politischen Gruppierungen eine Reform des Bodenrechts gefordert und angestrebt. Das gilt auch für die Leute der CDU und CSU, wie in ihren ersten Grundsatzprogrammen nachzulesen ist. Weshalb über diese Frage seit Jahren nun aber von fast allen verschämt der Mantel des Schweigens gedeckt wird, bleibt unerfindlich, obwohl selbst für das schlichteste Gemüt nicht nur die Mietlast sondern auch Beispiele wie die des alten Finck in München deutlich genug sind. Bekanntlich ist dieser in der Zwischenzeit verstorbene Banker ohne die geringste volkswirtschaftliche Leistung zum Milliardär geworden. In kluger Vorausschau der baulichen Entwicklung Münchens hat er ganz einfach Land aufgekauft, längere Zeit behalten und dann als teures Bauland wieder verkauft. Die Bodenspekulation hat ihn also zum schwerreichen Mann gemacht. Im volkswirtschaftlichen Sinn ist das reines Schmarotzertum, weil er selbst nicht den geringsten volkswirtschaftlichen Wert erwirtschaftet hat.

Die Fehlentwicklung ist aber nun so weit gediehen, dass grundsätzliche Änderungen fällig sind. Die Politiker bemühen sich nach Kräften, nicht an ihre Tabus in der Bodenfrage zu rühren. Sie sind deshalb gezwungen, wenigstens die gröbsten Fehlentwicklungen durch allerlei Flickarbeit unter Kontrolle zu halten. Das beginnt mit steuerlichen Förderungen des Bausparens und des Wohnungsbaus ganz allgemein und endet mit der Zahlung von Wohngeld im Sinne einer Sozialhilfe. Auf Dauer wird diese Flickarbeit aber das Problem nicht lösen. Bis sich allerdings die Politiker ans Grundsätzliche trauen, wird es wohl noch einige Zeit dauern. Die Aufgabe wird also zunächst einmal mehr an denen hängen bleiben, die ihr Christ- oder Menschsein als die Zugehörigkeit zu einer Pioniergesellschaft verstehen und daraus die Aufgabe ableiten, auch auf dem Wohnungsmarkt neue Wege zu gehen, so weit sie dazu aufgrund der Umstände, etwa des Hauseigentums oder sonstiger Vermögen, in der Lage sind.

Immobilienbesitz und Wohnrecht

Im Sinne der uralten nichtrömischen Bodenrechte geht es dabei um zweierlei. Zum einen sollte das Eigentum an Immobilien neutralisiert werden. Grund und Boden stellen keine Ware dar, deren Preis nach marktwirtschaftlichen Gesetzen festgelegt wird und damit der Spekulation unterliegt. Vielmehr sollte der Grund und Boden wie die Luft lediglich auf angemessene Weise verteilt und verwaltet werden. In gleicher Weise sollten das Eigentum an Häuser und Wohnungen auf der Grundlage eines neuen Bodenrechts neu definiert werden. Es geht also weder um Privateigentum noch um Eigentum des Staates. Auf beiden Wegen haben wir in West und Ost hinreichend schlechte Erfahrungen gemacht. Es kann nur um Nutzungsrechte, also Bebauungs- und Wohnrechte gehen. Diese sollten sich im wesentlichen auf zwei Gebieten von traditionellen Eigentumsrecht unterscheiden: Zum einen um die zeitliche Befristung, etwa auf Lebenszeit, anstelle des heute üblichen Ewigkeitsanspruchs, und zum anderen der Ausschluss der Spekulation, die vor allem dadurch gefördert wird, dass Wohneigentum über den Eigenbedarf hinaus als »Kapitalanlage« denkbar, möglich und üblich ist.

Ludwig Gruber erzählt die Geschichte von Hochlandindianern in Bolivien, wo bei der Hochzeit dem jungen Paar vom Gemeinwesen ein Baugrundstück zur Verfügung gestellt wird, auf dem dann die Hochzeitsgesellschaft aus Balken und Lehmziegeln ein kleines Wohnhaus errichtet. Die Lebensdauer dieses Hauses ist etwa ebenso lang wie das Leben der Ehepartner, so dass es üblicherweise nach deren Tod abgerissen wird. Dieses Bild zeichnet die ideale Situation.

Idealerweise dürfte niemand Eigentümer von Grund und Boden sein. Die Kommune sollte lediglich als Verwalter und Vermittler auftreten. Da es bis zu diesem Ziel ein langer Weg sein wird, müsste das Eigentum und die damit verbundenen Verfügungsrechte kleinen, dezentralen Gesellschaften - Vereinen, Genossenschaften oder Stiftungen - übertragen werden. Dieselben Gesellschaften könnten auch zu »Eigentümern« der Häuser und Wohnungen werden und Nutzungsrechte vergeben. Allerdings wäre es dazu notwendig, dass das Recht zur Veräußerung von Eigentumsrechten per Satzung oder anderer Rechtsgrundlage ausgeschlossen wird[64].

Für die Nutzung der Wohnungen stehen grob gesagt drei Wege offen: Zum einen die klassische Miete, bei der die Kosten für Instandhaltung und Erneuerung im wesentlichen der Vermieter trägt und diese aus der Miete finanziert. Zum zweiten eine Miete mit der Pflicht zur Instandhaltung und Erneuerung beim Mieter. Dieser zweite Weg würde dadurch eher zu einem Wohnrecht mit monatlicher »Vergütung«. Zum dritten das eigentliche Wohnrecht, das in vielem der englischen »Lease« entspricht. Dieses Wohnrecht träte an die Stelle des klassischen Eigentums. Die Unterschiede lägen vor allem in der Befristung der Nutzungsrechte, etwa auf Lebenszeit oder auf die Länge des biblischen Sabbat- und Halljahrzyklus, also sechs bzw. 49 Jahre, gegebenenfalls mit einer Option für eine Verlängerung.

---

[64] Unterlagen über einen solchen Versuch des Verzichts auf Grundeigentum und des darauf aufbauenden sozialen Wohnungsbaus sind vom Verlag zu beziehen.

Der Verzicht auf die Vererbung würde also einen wesentlichen Unterschied zum Eigentumsrecht darstellen. Das muss nicht unbedingt ein entscheidender Nachteil sein. Zum einen wird häufig genug beim Generationswechsel und Erbgang die Wohnung verkauft, weil sie für die Folgegeneration aus welchen Gründen auch immer nicht nutzbar erscheint. In solchen Fällen wird das Problem schlicht zu einer Geldfrage. Zum anderen sollte es möglich sein, durch Zinsverzicht (ganz oder teilweise) die Kosten für Miete und Wohnrecht so günstig zu halten, dass unter Rücksichtnahme auf das mehr oder weniger weit entwickelte Bewusstsein der Käufer durch zusätzliche finanzielle Absicherungen, etwa eine Lebensversicherung zugunsten der Nachkommen, die finanziellen Nachteile für die Kinder beim Erbgang in zumutbaren Grenzen gehalten werden. Dabei darf allerdings nicht übersehen werden, dass die Versicherungsgesellschaften bislang zu den übelsten Sündern unserer verfehlten Geld- und Kapitalwirtschaft zählen, gerade auch auf dem sogenannten Immobilienmarkt.

Entscheidend wichtig scheint zu sein, dass Grund und Boden den Warencharakter verlieren und der Spekulation entzogen werden, so wie dies heute etwa für Genossenschaftsanteile gilt.

Auch die hier und dort noch anzutreffende Erbpacht geht wenigstens teilweise diesen Weg. Jedenfalls wird dabei der Baugrund nicht als Ware behandelt. Vielmehr wird die bauliche Nutzung eines Grundstückes gegen die regelmäßige, etwa jährliche Zahlung eines Erbbauzinses für eine befristete Zeitdauer, etwa 75 Jahre, gestattet. Die Höhe dieses Erbbauzinses entspricht einer niedrigen Verzinsung des Handelswerts des Grundstücks beim Vertragsabschluss. Darin liegt die Schwäche des Konzepts, weil natürlich die Höhe des Handelswerts von der Bodenspekulation beeinflusst wird oder doch werden kann.

Nach einem Urteil des Bundesgerichtshofs darf der Erbbauzins einen Mittelwert aus dem Anstieg der Lebenshaltungskosten und der Bruttolöhne nicht übersteigen[65]. Er unterliegt also nicht wie der Ausgangspreis, nämlich der Handelswert, der Spekulation sondern bleibt in seiner Höhe parallel zu den Kosten und den Einkommen und damit in zumutbaren Grenzen.

Auch hier wird nicht nur ein gangbarer Weg aufgezeigt, sondern auch in kleinem Umfang bereits begangen. Es gilt nur, ihn neu zu überdenken und in wachsendem Umfang zu verwirklichen.

---

65 Informationen von der Sozialwissenschaftlichen Gesellschaft in Northeim 142

Gesetz und Freiheit

Nach all dem Vorausgegangenen muss zwangsläufig der Eindruck entstehen, dem verantwortungsbewussten Menschen würde eine ganze Menge von »Du sollst« oder »Du sollst nicht« aufgebürdet. Es bleibt zum Schluß also die Aufgabe, diesem Missverständnis zu begegnen und sich mit der Frage nach der Gestaltung der Wirklichkeit, nach Gesetz, Ordnung und nach der persönlichen Freiheit auseinanderzusetzen.

Eines der gängigsten Vorurteile über das Judentum liegt in der Auffassung, sein Charakter werde vor allem bestimmt durch die Forderung nach Unterwerfung unter strenge biblische Gesetze. Diese Meinung wird im Christentum gefördert durch die Vorherrschaft paulinischen Denkens. Bekanntlich hatte Paulus die Befreiung vom Gesetz durch den Glauben an Christus[66] vertreten. Er wurde deshalb in erhebliche Auseinandersetzungen mit der judenchristlichen Gemeinde in Jerusalem verwickelt. Tatsächlich wird diese paulinische Linie nicht selten für ein oberflächliches Christentum zum Ausgangspunkt für eine Überzeugung, nach der die Meinungsverschiedenheiten Jesu mit den Führungsschichten des Landes aus diametralen Gegensätzen stammen, in denen Jesus für die Freiheit vom Gesetz und die anderen für die Unterwerfung unter das Gesetz stehen. Diese Überzeugung ist

---

66 vor allem im Römerbrief

von den Überlieferungen her nicht haltbar. Bei aller Großzügigkeit, die Jesus bei der Einhaltung der Gesetze erkennen ließ, blieb doch seine Aussage eindeutig, nach der auch das letzte Jota des Gesetzes erfüllt werden müsse[67].

Die konkrete historische Entwicklung macht den Irrtum über das Judentum sehr deutlich. Während es im Christentum rasch zur Dogmatisierung bestimmter Glaubensgrundsätze gekommen ist, deren versuchte Durchsetzung bzw. Bekämpfung nicht selten zu Glaubenskriegen und Mord und Totschlag geführt hat, setzte sich im Judentum schon sehr früh die Einsicht durch, dass es ebenso viele Interpretationen der Tora wie Juden gäbe. In den berühmt gewordenen Streitgesprächen zwischen gelehrten Juden und Christen im Mittelalter wurde gerade dies immer wieder deutlich. Die jüdische Seite zeigte schon damals viel mehr geistige Beweglichkeit und individuelle Freiheit in all diesen Fragen als die Gegenseite.

Hier scheint mir ein wesentlicher Irrtum nicht nur von Franz Alt, sondern auch von Hanna Wolff zu liegen, die diese Offenheit und Individualität nur bei Jesus nicht aber beim Judentum ganz allgemein zu erkennen vermögen. In Wirklichkeit handelt es sich bei den gerade auch von diesen Autoren beschriebenen Differenzen zum einen um allgemeine, immer wieder auftretende innerjüdische rabbinische Konflikte um die Auslegung der Gesetze - z. B. welche Handlungen am Sabbat zulässig seien

---

[67] Matth. 5, 17

– und zum anderen um den uralten und allen Religionsgemeinschaften innewohnenden Konflikt zwischen Gesetz und Freiheit, zwischen Dogma und aus dem Geiste und der unmittelbaren, überwältigenden Gotteserfahrung geborener Veränderung.

Dieser Konflikt findet sich nicht nur innerhalb des Judentums, sondern in gleicher Weise innerhalb des Christentums, aber auch in anderen Religionen und religionsähnlichen Ideologien. So wurden und werden beispielsweise im Kommunismus die Schriften und Reden von Marx und Lenin zu quasi-göttlichen Offenbarungen hochstilisiert und dogmatisiert.

Immer neigen die Menschen und vor allem die Machteliten dazu, die Überlieferungen und die Aussagen außergewöhnlicher Persönlichkeiten zu allgemein verbindlichen Dogmen mit Gesetzeskraft festzuschreiben und deren Einhaltung zu erzwingen. Dabei scheint die Bereitschaft zur Unterwerfung unter charismatische Führerpersönlichkeiten und die von ihnen aufgestellten Regeln die Versuchung solcher Persönlichkeiten, sich göttliche Macht und entsprechende Weisungsrechte anzumaßen, geradezu zu fördern. Und wenn diese selbst der Versuchung nicht erliegen, wie es beispielsweise bei Jesus ganz offensichtlich der Fall war, dann sorgen konfliktscheue, dialogfeindliche und machthungrige Nachfolger schon um des eigenen Nutzens und der eigenen Bequemlichkeit willen dafür, dass die Dogmatisierung und die zumeist damit verbundene exklusive Heilsverwaltung durch sie selbst von den anderen nicht in Zweifel gezogen wird. Das ist der klassische Konservatismus, der bei den orthodoxen Juden ebenso zu finden ist wie im Vatikan, bei den Evangelikalen, den Pietisten und den Kommunisten.

Dieser Konservatismus ist natürlich nicht grundsätzlich verwerflich. Schließlich braucht jede Gemeinschaft von der religiösen Gemeinde bis zur staatlichen Gesellschaft eine innere Ordnung, die auch das Zusammenleben der Menschen untereinander regelt. Deshalb wundert es nicht, dass Paulus nach seiner Aufhebung des jüdischen Ordnungssystems seinen Anhängern die Unterwerfung unter die staatliche Ordnung des römischen Rechts empfahl[68]. Ordnung muss sein, aber sie darf nicht soweit erstarren, dass religiöse und zwischenmenschliche Erfahrungen aus längst vergangener Zeit und deren Interpretation durch irgendwelche Privilegierte zu Dogmen und Gesetzen auf Dauer festgeschrieben werden. Vielmehr geht es darum, die Überlieferungen in einen Dialog der Lebenden einzubeziehen und sie so zur Grundlage und Quelle der Weiterentwicklung der Ordnung, der ewigen Suche nach Gerechtigkeit und nach Wahrheit zu machen. So wird Raum geschaffen für die Richtigstellung und Verbesserung von Fehleinschätzungen und Irrtümern sowohl der früheren Generationen als auch der eigenen. Damit wird eingeräumt, dass die absolute, die objektive Wahrheit dem Menschen allenfalls bruchstückhaft zugänglich ist, seine subjektiven Wahrheiten auf dem Weg der Befreiung aber ständig des gemeinsamen Überdenkens, der Richtigstellung und der

---

68 auch das wird vor allem im Römerbrief deutlich.

Gesetz und Freiheit

Verbesserung bedürfen, ohne dass dabei Staunen und Achtung vor den großen Überlieferungen zu kurz kommen. Schließlich sind diese von den Inspirationen, den Träumen und den Hoffnungen, der Sehnsucht, der Erfahrung, der Freude und dem Leid vieler Generationen geradezu durchtränkt. Sie erhalten dadurch Inhalt und Bedeutung, die nicht selten die Qualität des Heiligen erreichen, und deren Anliegen wir uns nicht entziehen können. Allerdings werden sie dadurch nicht zur absoluten Autorität, die nicht hinterfragt werden darf. Vielmehr erscheinen sie als geheimnisvolle Kostbarkeit, deren tiefere Inhalte nur schwer zugänglich sind und sich nur zögernd erschließen, ohne zu zwingen.

Es ist unübersehbar, dass die lebendige individuelle Interpretation von Recht und Gesetz im römischen Machtdenken mit seinem Ewigkeitsanspruch in seiner versuchten Festschreibung auf Dauer sehr viel weniger Raum erhält als dies dem jüdischen oder auch dem germanischen Empfinden entspricht. Um das zu erkennen genügt es, die römisch-imperialistischen Rechtsordnungen vom CORPUS IURIS CIVILIS über den Code Napoleon bis in unsere Zeit mit ihrer versuchten Verabsolutierung etwa des Grundgesetzes bei uns in Deutschland mit der Rechtsprechung der Rabbinen basierend auf den verschiedenen Interpretationen der Tora oder der anglikanischen Denkweise, die ihren besonderen Ausdruck im Common Law findet, zu vergleichen.

Die Einschränkung aller menschlichen Zeugnisse auf das Bruchstückhafte und Subjektive gilt natürlich auch für dieses Buch. Dies schließt nicht aus, dass ich meine Auffassung mit allem Nachdruck vertrete und leidenschaftlich verteidige. Ganz im Gegenteil. Aber ich bin einsichtig genug um zu begreifen, dass meine Einsichten zumindest stellenweise sehr subjektiv sind und auch künftig der dialogischen Auseinandersetzung bedürfen, um brauchbare Bausteine für den Weg in die Zukunft zu liefern.

Auch wenn viele der bei diesem Prozess einzubeziehenden Erfahrungen zeitlos sind, so muss doch erkannt werden, dass dies zumeist nur für den Inhalt nicht aber für die Form gilt. Das heißt, auch wenn wir dem Inhalt einer solchen Erfahrung zeitlosgöttliche Dimensionen zugestehen, so ist doch immer wieder zu hinterfragen, welche Form dieser Inhalt zu finden hat, um im Hier und Jetzt erfahrbar und nachvollziehbar zu werden. Die Form muss vielleicht verändert werden, auch wenn der Inhalt derselbe bleibt.

Die Problematik und das am weitesten verbreitete Missverständnis werden am deutlichsten erkennbar an den sogenannten Zehn Geboten. In den Überlieferungen folgt auf einen Vorspann, in dem sich Gott als Befreier und Erlöser kennzeichnet[69], in der deutschsprachigen Bibel eine ganze Reihe von »Du sollst....« und »Du sollst nicht...« Sie werden allgemein als Auflagen des Gesetzes verstanden. Tatsächlich meint die ganze Geschichte, dass der Mensch, wenn er sich auf den Weg der Befrei-

---

69 »ICH bin dein Gott, der ich dich führte aus dem Land Ägypten, aus dem Haus der Dienstbarkeit« (nach Martin Buber)

ung durch Gott von seinen Abhängigkeiten begibt, von all dem Schädlichen frei wird und es nicht mehr tut, weil er es nicht mehr zwanghaft tun muss. Wie schon Ernst Lange begriffen hatte, der die Zehn Gebote als die Zehn Freiheiten bezeichnete, geht es eher um Zehn Befreiungen als um den Gesetzeszwang von Zehn Geboten. Deshalb spricht Martin Buber auch nicht vom Gesetz sondern von der Weisung Gottes. Und das gilt gleichermaßen für den Juden wie für den Christen (und für jeden anderen). Der Schwerpunkt liegt also immer in der Suche nach Gott, wie es das Gleichnis Jesu vom Schatz im Acker und der besonders schönen Perle deutlich macht[70], und nicht in den Gesetzeszwängen, auch wenn natürlich das eine das andere bedingt, so wie es in diesem Gleichnis den Verzicht auf alles Überflüssige braucht, um das große Ziel zu erreichen.

Wenn es etwa bei den sogenannten Zehn Geboten eigentlich um Zehn Befreiungen geht, so entspringen diese der Beziehung des Menschen zu Gott. Das ist wohl das, was Paulus tatsächlich gemeint hat, auch wenn dies immer wieder missverstanden wurde und wird. In den Beziehungen der Menschen untereinander, die das gesamte gesellschaftliche Leben einschließen, sind dagegen natürlicherweise entsprechende Gebote, Verbote - also Gesetze - unverzichtbar für ein friedliches Zusammenleben. (Es müssen allerdings keine (vorchristlich-)römischen sein.) Für den einzelnen Menschen werden diese, je nach seiner Beziehung bzw. Liebe zu Gott, zu sich selbst und

---

[70] Matth. 13,44 ff

zu den anderen Menschen dann zu Freiheiten oder zu Zwängen. Sie sind belastungsfrei oder eben Lasten.

Wie der Weg zur Befreiung von den Abhängigkeiten zu finden und zu gehen ist, das ist eine ganz andere Frage. Das jüdische Sprichwort »In der Erinnerung liegt das Geheimnis der Erlösung« zeigt, wo die Antwort auf diese Frage zu finden ist. Die Suche erfordert eine Auseinandersetzung mit der kollektiven Geschichte und ihren Lehren und Überlieferungen ebenso wie auch mit ihrem individuellen Teil, dem Teil, der uns persönlich geprägt hat. Das schließt auch die Bereitschaft ein, sich auf den eigenen Gefühlen, vor allem die unterdrückten, einzulassen.

Auch hier geht es um ein Innen und um ein Außen, um einen Aufbruch, der auf eine Veränderung, eine Umkehr im Inneren wie im Äußeren abzielt, so wie jede Therapie für die erstrebte innere Veränderung fast immer auch eine Veränderung der Verhaltensweise und der Lebensumstände erfordert.

All das hier Beschriebene und Aufgezählte soll nicht als ein Versuch verstanden werden, neue Gesetzeszwänge zu erarbeiten und aufzuerlegen. Es ist vielmehr ein Versuch der Skizzierung fälliger und gangbarer Schritte der äußeren Befreiung als Folge und als Voraussetzung der Erfahrung der inneren Befreiung.

Tatsächlich geht es sowohl um Folge als auch Voraussetzung. In einer Art kybernetischen Regelkreis bedingen und folgen sie sich wechselseitig. Das wird nicht nur in der Geschichte vom Exodus erkennbar, wo die Gotteserfahrung vom Sinai, die Erfahrung des Sinns und der möglichen Erfüllung der eigenen inneren Bestimmung ohne den Schritt des Exodus und des Zugs durch die Wüste nicht denkbar ist. Das gleiche gilt für die Weihnachtsgeschichte von den Hirten und von den sogenannten Weisen aus dem Morgenlande. Beide Gruppen mussten zur Begegnung mit dem Kind aus dem Gewohnten aufbrechen und gegen alle Vernunft ihrem Traum folgen. Auch hier also die befreiende Gotteserfahrung erst nach dem Aufbruch aus dem Alltäglichen und Überkommenen. Dass dabei der göttliche Impuls erst den Aufbruch auslöst, ist eigentlich selbstverständlich. Woher sollte er sonst kommen? Das Ganze macht vor allem deutlich, wie der Weg verläuft. Impuls, Einsicht, Erfahrung, Begegnung lösen den Aufbruch aus und führen zu neuer Einsicht und Erfahrung und vermögen so den erneuten Aufbruch auszulösen. Immer steht am Anfang die Begegnung mit dem befreienden und erlösenden Gott. Ihm folgt die Zeit der Wüste und der Dunkelheit - und die verantwortliche Tat, nämlich die Tat als Antwort auf die befreiende Erfahrung.

Allzu lange und allzu oft wurde und wird im Christentum so getan, als finde die Sinai-Erfahrung unmittelbar an oder gar in den Fleisch- und Schmalztöpfen Ägyptens statt, also im Wohlstand und in der Versklavung als dem allzu oft bezahlten Preis für den Wohlstand. Die Rede von der »billigen« Gnade hat viel Unheil angerichtet. Sie ist schlicht gelogen. Sinai und Ägypten schließen sich gegenseitig aus, auch wenn natürlich in dem beschriebenen Sinn die Sinaierfahrung ohne die Ägypenerfahrung nicht möglich wird, sondern diese voraussetzt.

Wer sich bewusst wird, dass er - bildlich gesprochen - in der Sklaverei Ägyptens lebt, und wer daran leidet, der wird sich aufmachen müssen, einmal, mehrmals, immer wieder. Sinai liegt draußen, vor uns, jenseits der Wüste, ist aber allemal der Mühe wert, weil der Weg, wie die Geschichte erzählt, von Gott begleitet wird. Auch wenn dieser nicht immer ein Gott der Nähe sondern auch ein Gott der Ferne ist.

Es geht dabei nicht um den Weg einer Askese, der die Gesichter mit Bitterkeit und Griesgrämigkeit überzieht. Es geht um einen Weg der Befreiung, der den Menschen von einem vierbeinigen Kriechtier innerer und äußerer Abhängigkeiten zur »herrlichen Freiheit der Kinder Gottes«[71] führen und zu einem aufrechten Menschen machen kann[72].

Ist das Gesetz, ist das Weisung, ist das Einsicht? Jeder mag es nennen wie er will. Es ist der Weg, den der Mensch um seinetwillen, um seiner Menschlichkeit, um seiner Bestimmung willen, gehen sollte.

---

71 Paulus nach Römer 8, 21
72 siehe auch 3. Mose / Levitikus 26,13:
    »ICH bin eur Gott,
    der ich euch aus dem Land Ägypten führte,
    aus ihrer Dienstknechte Stand,
    ich zerbrach die Stangen eures Jochs
    und ließ euch aufrecht gehn.«

Sollte er ihn auch um des einwohnenden Gottes willen gehen?

Die werdende Gottheit

In Exodus, dem zweiten Buch Mose, wird darüber berichtet, wie das Volk Israel während der Abwesenheit Moses auf dem Sinai das Goldene Kalb baute und anbetete, und wie anschließend die von Gott angekündete Strafe durch den Einspruch Moses abgewendet wurde. Es heißt dort am Schluss: »Da sah der Herr davon ab, seine Drohung wahrzumachen, und vernichtete sein Volk nicht.«

Wir können diese Geschichte wie auch andere mit ähnlicher Bedeutung als Dokument einer primitiven Gottesvorstellung abtun, die neben dem auf geheimnisvolle, häufig genug völlig unbegreifliche Weise handelnden Gott einen sehr menschlichen Gott sieht, dem Gefühlsausbrüche auch mit schrecklichen Folgen nicht fremd sind. Diese Auffassung ist zwar nicht von der Hand zu weisen. Sie reicht aber nicht aus, das hier beschriebene Geheimnis Gottes, dessen Handeln vom Menschen beeinflusst werden kann, aufzulösen. Vermutlich birgt die Gottesvorstellung der hebräischen Bibel mehr als nur einen Hauch der Wahrheit Gottes, wenn sie ihn mit solchen Geschichten für unser menschlich-irdisches Wahrnehmungsvermögen als einen Werdenden beschreibt. Bonhoeffer sagt[73]:

---

[73] Bonhoeffer, Widerstand und Ergebung, München, 1951

"Menschen gehen zu Gott in Seiner Not, finden ihn arm, geschmäht, ohne Obdach und Brot, sehen ihn verschlungen von Sünde, Schwachheit und Tod. Christen stehen bei Gott in Seinen Leiden. Gott geht zu allen Menschen in ihrer Not."

Gott scheint aber nicht nur der auf geheimnisvolle Weise Wirkende und darüber hinaus der Leidende zu sein, den Bonhoeffer hier beschreibt. Seine Teilnahme an dem Geschick seiner Geschöpfe geht vermutlich noch weiter.

Es hat tatsächlich den Anschein, als habe sich Gott im Schöpfungsprozess nicht nur fortschreitend inkarniert, sondern auf diesem Weg auch in seiner Allmacht fortschreitend eingeschränkt und zwar so weitgehend, dass es schließend vom Menschen abhängt, welche Wesenszüge Gottes auf der Erde Wirklichkeit werden.

Der Schöpfungsweg ist ganz offensichtlich ein Weg wachsender Freiheit für die Geschöpfe. Er beginnt beim Mineral mit einer fast völligen mechanischen Erstarrung, erreicht bei der Pflanze die Fähigkeit sich zu bewegen, auch wenn sie im wesentlichen an ihren Standort gebunden bleibt. Beim Tier wird die Standortgebundenheit weitgehend überwunden, doch bleiben Verhalten und Handlungsweise vom Instinkt eingeengt und von den Trieben gesteuert. Der Mensch erst vermag aus der Dumpfheit des unbewussten Trieblebens herauszutreten in die Freiheit des Bewusstseins und der bewussten Handlungsweise.

Natürlich reicht diese Freiheit nur so weit, wie Gott den Menschen aus seiner Allmacht und Kontrolle entlässt. Die Vorstellung von einem allmächtig wirkenden Gott lässt sich mit dem Bild von der Freiheit des Menschen nicht vereinbaren. Und da, wie die Bibel immer wieder deutlich macht, Gott ein befreiender Gott ist, und die menschliche Freiheit zentrales Anliegen ist, so heißt dies, dass Gottes wirkende Kraft vor allem eine dienende und nicht eine herrschende ist. Sie ist also nicht mehr als ein Angebot, das die Annahme oder Ablehnung und auch die Art ihrer Nutzung offen lässt und sei es auch nur in einer mehr oder weniger großen Bandbreite der menschlichen Freiheit. Es mag zwar sein, dass die göttlichen Ziele auf dieser Erde unausweichlich verwirklicht werden. Das Wie und Wann scheint aber weitgehend offen zu sein, weil sich diese Ziele als Drängen und als Sehnsucht manifestieren und nicht - mechanisch-technisch gesprochen - als kraftschlüssige Verbindung, die keinen Spielraum und somit keine Wahlfreiheit lässt.

Der Mensch ist demnach ein autonomes, souveränes, mündiges Wesen, dessen Aufgabe es ist, allein und mit Hilfe seiner Mitmenschen seinen Weg im Guten und im Bösen zu gehen. Er handelt selbstverantwortlich. Gott gibt ihm die Kraft dafür. Er erfüllt seine Bestimmung allerdings nur dann, wenn die Sehnsucht Gottes zu seiner eigenen wird.

Aber damit ist die Größe, Würde und Bedeutung des Menschen noch nicht völlig erfaßt. Der Gottesvorstellung der hebräischen Bibel zufolge gehen Aufgabe und Verantwortung des Menschen noch weiter.

Wenn es, wie unsere Geschichte zeigt, des Einspruchs des Menschen bedarf, um Gott zu hindern, »seine Drohung wahrzumachen«, dann hat der Mensch nicht nur uneingeschränkt Verantwortung für sein eigenes Verhalten und seine Taten, also auch für Auschwitz. Er ist darüber hinaus verantwortlich für die Verwandlung des einwohnenden Gottes, nämlich dafür, dass die Manifestation Gottes auf dieser Erde, so weit dies ein Mensch in der ihm auferlegten raumzeitlichen Beschränkung zu beschreiben vermag, sich vom primitiven Mörderisch-Rächenden entwickelt hin zu dem Verhalten, wie es Jesus etwa der sogenannten Bergpredigt zufolge beschrieben hat. Der Mensch hat demnach mit Hilfe der ihm angebotenen göttlichen Kräfte einen Erlösungsweg zu gehen für sich selbst, für die Menschheit, für die ganze Schöpfung – und für den einwohnenden Gott selbst. Er ist also eigenständiges Werkzeug für die Befreiung des einwohnenden Gottes aus dem selbst auferlegten Gefängnis einer niedrigen Entwicklungsstufe.

Wie auch die Versuchungsgeschichte Jesu zeigt, braucht und will der dunkle, der »primitive« einwohnende Gott den inneren Widerstand, die innere Auseinandersetzung. Dieser »primitive« Gott wird zwar bei Jesus als der Teufel beschrieben. Aber der Teufel ist in der hebräischen Bibel nicht ein gleichrangiger Gegengott wie im alltäglichen Christentum, sondern einer der Söhne Gottes, wie dies bei Hiob besonders deutlich wird. Demnach ist der Teufel ein bestimmter Teil, eine bestimmte Seite des Einen Gottes. Tatsächlich macht ihn erst der gängige Dualismus zum christlichen Teufel, d. h. wenn er abgespalten wird, und wenn wir versuchen, seine Existenz zu verdrängen. In Wirklichkeit entspricht er der dunklen Seite Gottes und harrt der Erlösung auf dem Weg der Befreiung durch den Menschen. Jesus lehrt, das Böse durch das Gute zu verwandeln. Das geschieht, wenn durch den Menschen als Verbindungsglied der Dualismus zur Polarität wird.

C. G. Jung nennt das, was davon in der menschlichen Psyche erkennbar wird, den Schatten und spricht von der Notwendigkeit seiner Integration im Sinne dieser Erlösung. Damit meint er zwar (nur) den Aspekt, der das Heil des betreffenden Menschen angeht, aber insgesamt gesehen ist es derselbe Prozess.

Wir erfahren also nicht nur die helle Seite Gottes, die uns vor allem in der Stille begegnet, eine Erfahrung, die Johannes vom Kreuz, einer der großen Mystiker, mit »einem sanften, stillen Leuchten« beschreibt. Daneben erleben wir auch die dunkle Seite des einwohnenden Gottes, allerdings zumeist auf schmerzhafte Weise, was auf eine zu lösende Aufgabe verweist. So begegnet uns Gott transzendent mit seiner zeitlosen Liebe und auch immanent als der werdende und sich verwandelnde. Dabei kann die eine Seite als männlich, die andere als weiblich bezeichnet und wohl auch erfahren werden, so wie dies etwa Friedrich Weinreb meint, wenn er sagt, dass die weibliche, die mütterliche Seite Gottes, die Schechina, den Menschen in die irdische Wirklichkeit begleitet.

Es scheint demnach, als sei Gottes Einwohnung in seinen irdischen Geschöpfen mit einer Beschränkung auf deren Verhalten und Handlungsvermögen verbunden, und als sei der evolutionäre Prozess auch für den einwohnenden Gott ein Aufstieg von einem Dahindämmern im Stein über das Bewusstwerden im Menschen bis zur Höhe seines kosmischen Seins mit seiner allumfassenden Liebe. In diesem evolutionären Prozess scheint der Beitrag des Menschen unverzichtbar. Das ist es wohl, was die alten Juden meinten, wenn sie von der Aufgabe des Menschen sprachen, zur Vereinigung Gottes mit seiner Schechina, nämlich seiner einwohnenden Wirklichkeit, beizutragen[74]. Martin Buber schreibt über sie: »Mein Gesicht ist das der Kreatur.«

Der einwohnende Gott, der wohl nicht nur mit der jüdischen Schechina sondern auch mit der Großen Mutter, der Göttin der Natur, identisch ist, entspricht in seinem »Bewusstsein« dem »Bewusstsein« der verschiedenen Glieder der Schöpfung und entfaltet sich entsprechend der Höherentwicklung des Menschen, die er gewissermaßen begleitet und so ihrem jeweiligen Stand entspricht. Durch die innewohnende Sehnsucht nach Vereinigung, nach Einheit, entsteht eine fruchtbare Spannung als Triebkraft für die Weiterentwicklung, den Heilsweg, die Heilsgeschichte.

---

74 nachzulesen in Martin Buber, Zwischen Zeit und Ewigkeit

Aus der Tiefenpsychologie wissen wir, dass sich Jahwe in Träumen nicht selten als Tiermensch offenbart, und Graf Dürckheim berichtet aus seiner therapeutischen Arbeit, wie die abgespaltene und verdrängte Große Mutter ihre Kinder frisst. Hier werden Frühformen einer Entwicklung sichtbar, die ihre Stufen deutlich machen.

Der organischen Evolution, die im wesentlichen längst abgeschlossen ist, folgt die spirituelle, deren Träger und Kristallisationspunkt der Mensch ist. Symbolisch gesprochen hat er seinen Kopf im Himmel und seine Füße auf der Erde. Er ist das Verbindungsglied für den Energiefluss der göttlichen Kraft zwischen dem kosmischen und dem irdisch einwohnendenGott und verantwortlich für die Überwindung der Dualismen und die Wiederherstellung der Einheit zwischen dem Ewigen, Zeitlosen und dem Irdisch-Zeitgebunden, eine Einheit, die sich irdisch-menschlich als Polarität manifestiert, nämlich in Oben und Unten, in Hell und Dunkel, in Gut und Böse. Und so begegnet die Liebe »von oben« der Sehnsucht »von unten«. Ihre Quelle ist letztlich dieselbe, auch wenn die »von unten« auf ihrem Weg in der Schöpfung vielfältige und andersartige Gestalt angenommen hat und sich nicht selten für den Menschen als das »Böse« manifestiert.

So kann der Mensch sowohl Freiheit als auch Geborgenheit, zwei seiner Grundbedürfnisse, die mit der Individuation und der Sozialisation zu vergleichen sind, in den beiden Aspekten Gottes, des männlichen Prinzips der Befreiung einerseits und des weiblichen Prinzips der

Geborgenheit andererseits auf positive Weise nur durch seinen Beitrag zu ihrer Vereinigung erfahren.

Die Einschränkung der Allmacht Gottes im Bereich der irdischen Wirklichkeit des Menschen geht also nicht nur so weit, dass Gott sich um der Freiheit des Menschen willen zurücknimmt, um diese nicht ernstlich zu begrenzen. Sie beinhaltet sogar, dass die Manifestation der bedingungslosen Liebe Gottes auf dieser Erde und deren erfahrbare Wirklichkeit vom Verhalten und Handeln des Menschen auf eine Weise abhängig gemacht ist, die den Menschen, wie unsere Geschichte zeigt, in seinen besonderen Persönlichkeiten, wie etwa Mose in unserer Geschichte, verantwortlicher, gütiger und barmherziger erscheinen lässt als Gott selbst. Aber offensichtlich eben nicht nur erscheinen lässt. Die irdische Manifestation eben dieser göttlichen Wesenszüge scheint tatsächlich davon abzuhängen, dass ihnen der Mensch durch sein Denken, Reden, Verhalten und Handeln »eine Stätte bereitet«. Sie bleibt sonst zwar Möglichkeit, wird aber nicht Wirklichkeit. Das ist wohl gemeint, wenn davon die Rede ist, dem Herrn den Weg zu bereiten[75].

Auf diesem Weg zeichnen sich drei Stufen ab, die den drei Begriffen Geist, Seele und Körper entsprechen: der göttliche Impuls, die menschlichen Möglichkeiten, die irdische Wirklichkeit. Der göttliche Impuls, die Vision von der großen Harmonie, stammt in unserem Bild vom transzendenten Gott. Er ist die Grundlage der göttlichen Heilsgeschichte und die Triebkraft des Menschen, aber

---

[75] zum Beispiel Jes. 40,3

Die werdende Gottheit

eben nur eine Möglichkeit, eine Möglichkeit zwar, die aufgrund der ihr innewohnenden Dynamik irgendwann Wirklichkeit werden wird. Aber das Wie und Wann scheint sehr stark vom Menschen beeinflusst zu werden. Der Mensch macht aus dieser Möglichkeit konkrete irdische Wirklichkeit. Dabei wird die Bitte des Vaterunsers »Dein Wille geschehe auf der Erde wie im Himmel« Realität auf Erden. Der Mensch erfüllt dabei seine Bestimmung und vereinigt damit den »oberen« und den »unteren« Gott.

Allerdings sind auf diesem Weg der Inkarnation auch Verirrungen möglich. Sie bestehen vor allem darin, den schöpferischen Geist zu verdinglichen und nach außen zu richten. Er dient dann nicht mehr vorrangig der Verwandlung des Menschen und damit seines Verhaltens sondern der technischen Innovation und anderen dinglich fundierten Heilswegen, die zumeist suchtartige Formen annehmen und dann den biblischen Götzen entsprechen.

Jeder Mensch ist ein mikrokosmisches Teilstück des kosmischen Dramas. Seine persönlichen Fähigkeiten und Schwierigkeiten spiegeln Segmente der großen Evolution, die jedem einzelnen als ureigene Aufgabe zufallen. Durch seinen Reifeprozess trägt er nicht nur bei zu seinem persönlichen Heil sondern auch zum Heil der Welt und zum Heil des einwohnenden Gottes. Das ist wahrer Gottesdienst - im eigentlich Sinn des Wortes.

So gesellt sich zur Freiheit des Menschen eine geradezu göttliche Würde und eine außerordentlich große Verantwortung, die ihn wirklich zum Hüter und Haushalter der Erde macht im kleinen wie im großen. Und das reicht bis zu seinem entscheidenden Einfluss auf die Verwirklichung der göttlichen Vision und Ordnung bei uns.

Vielleicht werden so Sinn und Bedeutung des Lebens Jesu, als des ersten neuen Menschen, wie Franz Alt ihn nennt, für die irdische Wirklichkeit auf besondere Weise deutlich. Bei ihm wird die Zwiespältigkeit des wahrnehmbaren Gottes daran deutlich, dass Jesus zwar sagt, niemand sei gut außer Gott. Und doch bittet er im Vaterunser, von Gott nicht in Versuchung geführt zu werden. Die besondere Bedeutung dieser Bitte wird daran deutlich, dass er sie nicht nebenbei, gewissermaßen in einem Nebensatz ausspricht, sondern dass er sie, der Überlieferung zufolge, zur täglichen Bitte im großen Gebet und damit zu einem zentralen Anliegen macht. Er traut es Gott also nicht nur zu, sondern glaubt auch, dass Gott durch die Bitte des Menschen davon abzuhalten sei und so der für die menschliche Wahrnehmung bestehende göttliche Zwiespalt aufgehoben werden könne.

Jesus macht darüber hinaus vor allem zweierlei klar. Zum einen die überwältigende Bedeutung der Liebe und zum anderen, wie der Mensch der größten Versuchung, die aus den beschriebenen Einsichten erwachsen kann, zu begegnen hat. Ihr besonderes Thema für Jesus, nämlich die Frage von Macht und Gewalt, steht nicht nur am

Die werdende Gottheit

Anfang seines Wirkens - nämlich in der Versuchungsgeschichte - sondern wird auch zum Hauptthema am letzten Abend und gewinnt damit vermächtnishafte Bedeutung.

Der Mensch läuft nämlich Gefahr, dem Wahn der Allmacht zu erliegen, wie dies insbesondere bei den deutschen Nazis zu beobachten war, die ihre Weltanschauung in diesem Punkt auf einen wohl falsch verstandenen Nietzsche gründeten, der bekanntlich vom Übermenschen gesprochen hat. In der jesuanischen Denkweise ist der »Übermensch« aber der Mensch, der sich zwar seiner Bedeutung aber auch seiner Winzigkeit im kosmischen Drama bewußt wird, konsequent auf Macht verzichtet und in aller Demut versucht, aus der erfahrenen Liebe heraus den Willen des transzendenten Gottes zu seinem eigenen zu machen und so zur (Wieder-) Herstellung der Einheit beizutragen.

Der besondere Beitrag Jesu zum eigenen Heil, zum Heil der Welt und zum Heil des einwohnenden Gottes bestand darin, aus den verschiedenen Traditionen und prophetischen Visionen der hebräischen Bibel den Strang der Liebe, der Gottebenbildlichkeit des Menschen und konsequenterweise der Gewaltfreiheit und des Machtverzichts als die eigentlich göttlichen Ziele herausgeschält und in der Auseinandersetzung mit dem einwohnenden Gott (nach der griechischen Bibel mit dem Teufel bzw. dem Versucher) darum gerungen zu haben, dass dieser Strang nicht nur zur irdischen Leitschnur wird, sondern sich in ihm »inkarnierte« und damit zu aller Heil irdische Wirklichkeit wurde.

Die Christenheit hat dies zwar bislang erst ansatzweise begriffen, wie die Auseinandersetzungen um Fragen der Rüstung und der Regierungsgewalt und der dabei praktizierte Dualismus immer wieder deutlich machen. Und doch hat Jesus durch sein Leben und seine Lehre gerade in dieser Frage den entscheidenden Beitrag dazu geleistet, diesen Dualismus zu überwinden und in eine Polarität zu verwandeln, also in einen Spannungsbogen, der beide Seiten beinhaltet und sie so fruchtbar werden lässt.

Der von Jesus überwundene, bei den meisten Christen aber immer noch dominierende Dualismus sieht einerseits einen himmlischen Gott der Gnade, Barmherzigkeit und Liebe und die daraus abgeleitete Gültigkeit der Bergpredigt für das Innen und Privatleben und andererseits einen irdischen Gott, »der Eisen wachsen ließ« und von dem es auf den Koppelschlössern hieß »Gott mit uns«, also einen Gott, der auch Mord und Totschlag segnet. Bedauerlicherweise unterliegen viele von uns noch diesem Dualismus, auch wenn die Botschaft von der Erlösung davon ständig auf unseren Lippen ist.

Jesus mühte sich unter Einsatz seines Lebens darum, diesen Dualismus, diese Spaltung zu überwinden und die Einheit in der Polarität wiederherzustellen. Dazu musste er die in der Jordantaufe auf dramatische Weise erfahrene bedingungslose Liebe Gottes »durchschalten« zur

Vereinigung der hellen und dunklen Seiten seiner selbst – und Gottes. Nicht ohne Grund stellen die Geschichten von der Taufe im Jordan und von der Versuchung in der Wüste in den Überlieferungen den Auftakt zum öffentlichen Wirken Jesu dar. Sie spiegeln die beiden Aspekte Gottes, die es dadurch zu vereinigen gilt, dass der dunkle, der primitive, der einwohnende, an den evolutionären Verlauf der Zeit gebundene »Teil« Gottes dem zeitlos-ewigen, also keiner Evolution unterworfenen »Teil« Gottes angenähert wird, was für die irdisch-menschliche Wahrnehmung der Verwandlung von einem Dualismus in eine Polarität entspricht.

Hat eine solche Veränderung der gängigen Gottesvorstellung einen konkreten Einfluss auf unseren Stand innerhalb der Welt und auf unseren Umgang mit der Wirklichkeit oder stellt sie nicht mehr als eine von der Wirklichkeit abgehobene theologische Spekulation dar?

C. G. Jung erzählt die Geschichte von seiner Begegnung mit den nordamerikanischen Pueblo-Indianern[76], die dafür bedeutsam sein könnte:

Einer der Pueblo-Häuptlinge antwortete auf seine Frage: »Meint ihr, dass das, was ihr in eurer Religion tut, der ganzen Welt zugute komme?« Er antwortete: »Wir sind doch ein Volk, das auf dem Dach der Welt wohnt, wir sind die Söhne des Vaters Sonne, und mit unserer Religion helfen wir unserem Vater täglich, über den

---

76 A. Jaffé, Erinnerungen, Träume, Gedanken von C. G. Jung, Olten, 1971

Himmel zu gehen. Wir tun dies nicht nur für uns, sondern für die ganze Welt. Wenn wir unsere Religion nicht mehr ausüben können, dann wird bis in zehn Jahren die Sonne nicht mehr aufgehen. Dann wird es für immer Nacht werden.«

Anschließend geht C. G. Jung zwar zunächst auf den europäischen Rationalismus ein, aus dem heraus wir »die indianische Naivität belächeln und uns in unserer Klugheit erhaben Vorkommen«. Er fährt aber fort und sagt:

»Dass sich aber der Mensch imstande fühlt, auf die übermächtige Einwirkung des Gottes vollgültig zu antworten und eine selbst dem Gotte wesentliche Rückleistung zu geben, ist ein stolzes Gefühl, welches das menschliche Individuum zur Würde eines metaphysischen Faktors erhebt. »Gott und wir«, dieses äquivalente Verhältnis liegt wohl jener beneidenswerten Gelassenheit zugrunde. Ein solcher Mensch ist im vollsten Sinn des Wortes an seinem Platze.«

In ähnlicher Weise müsste es beispielsweise einem Alkoholiker ergehen, wenn er erfährt, dass seine Auseinandersetzung mit seiner Sucht der Versuchung Jesu in der Wüste gleicht. Der Versucher stellt aber zum einen die dunkle Seite Gottes dar und nicht ein abgespaltener und die Verdrängung geradezu herausfordernder Teufel als Gegengott. Zum anderen - und das scheint noch wichtiger zu sein - bedarf dieser dunkle Gott ebenso der Erlösung wie der Alkoholiker selbst. Dessen schwerer Weg dient also nicht nur ihm selbst - was vielen ohnehin in dieser Situation völlig gleichgültig geworden ist - sondern auch der Erlösung des dunklen einwohnenden Gottes. Was er tut oder nicht tut, reicht also über seine eigene Befindlichkeit hinaus. Auch hier vermöchte es der Mensch, »zur Würde eines metaphysischen Faktors« heranzuwachsen, um mit C. G. Jung zu sprechen und seinem Leben einen neuen Sinn zu geben.

Konkret würde dies bedeuten, dass der Mensch seine Sucht und den Gott seiner Sucht zwar lieben sollte, dass aber seine Therapie und sein Gottesdienst darauf abzielen sollten, der Sucht nicht länger zu verfallen. Auch hier macht die Parallele zur Versuchungsgeschichte Jesu deutlich, um was es geht.

www.ingramcontent.com/pod-product-compliance
Lightning Source LLC
LaVergne TN
LVHW032202070526
838202LV00007B/276